ALONSO SOLÍS SANTANA

SÓLO LAS *Palabras* CALLAN LOS *Pensamientos*

Mola
PUBLISHING
INTERNACIONAL

ISBN: 978-1-63765-182-7

ʍola
PUBLISHING
INTERNACIONAL

Hola Publishing Internacional
www.holapublishing.com

Impreso y encuadernado en los Estados Unidos de América

Ahora que puedo usar las palabras como medio de expresión escrita y que por ellas puedo decir lo que mi corazón no puede callar, voy a elegir unas de ellas para dedicar este libro de poemas a las personas que han influido en mi vida para inspirarme a escribir y poder soñar:

- A mis padres, Roberto y Estela.

- El apoyo incondicional de mi hermano Osvaldo.

- A mis abuelos, Andrés y Pachita, mis segundos padres.

- Mi tía Beatriz, dentista (en cada revisión, un gramo de inspiración).

- Familia, primos y tíos que me han leído y siempre animado.

- A mis amigos Óscar, Ricardo, Omar, Esteban, César, Luis Adrián, Joaquín, Misael, Gerardo, Angélica, Marlen, Izlia y Cinthia.

- Al amor de mi vida, Wendy.

- A la tristeza, al amor, sentimientos y emociones en general.

Y sobre todo a todas aquellas personas que hicieron posible que su servidor pudiera crear, inspirarse, soñar e imaginar mundos, personajes y momentos de eternos paisajes, que me ayudaron a poder compartir lo que encierra la mente en desventura y lograr una gran meta.

Índice

7 Pasional 173

(Cuando el amor va más allá de los límites de la pasión)

8 Pensamientos 193
(Cuando el vagar de la mente lleva a los pensamientos inconclusos sin razón)

1

Introyección

Cuando me veo

Mi yo inseguro

Un frío viento me estremece,
me hace sentir que estoy solo.
Hay algo que me hace falta y me adormece,
¿será que tu presencia me hacía sentir fuerte?

Algo pasa que no puedo entender,
no sé si me he perdido o estoy sin ti otra vez.
Pero si de algo estoy seguro,
es que puedo sentir solitario mi ser.

No me puedo imaginar estar así.
Me siento encerrado, inseguro, temeroso.
No puedo con lo demás;
paso mi tiempo contenido, mi mente
dejo en reposo.

No sé que me hizo perder la seguridad.
Veo la soledad como mi única compañera
y debo aceptarla como tal.
Mis pensamientos se pierden, desolados
en mí espíritu amargo, separados de tu lado.

No quiero escuchar a los demás,
siento que me pueden lastimar.
Mi único contacto con el mundo
se desvaneció en esta realidad.

El destino se ha encargado
de apagar tu corazón tan amado.
No puedo hacer más,
tengo que aceptar que tú ya no estás.

Ya no quiero despertar ni
perderme en mi inseguridad.
Ya no tengo el valor
de poder continuar.

Sólo quiero una última oportunidad
de que tú estés conmigo una vez más.

Inconsciente

Divago en un mundo frío,
mi mente quiere encontrar una salida.
Viajo por lugares inciertos;
puertas a distintos eventos,
donde sólo se sueña en fantasía.

En ese lugar de un edén puro,
encuentro el recuerdo profundo.
Soñando despierto veo en imágenes
de una muñeca linda que me regala tulipanes.

No sé si esto son sólo ilusiones
o reflejos de vidas pasadas.
Regreso a un espacio sin retorno,
donde las sombras me cubren con manchas.

Soy la tinta en una pintura;
salí al encuentro de las palabras.
La esencia de un ente sin alma
que sólo quiere terminar la alabanza.

Navego por un mar de ilusiones,
dejando escapar los delirios;
pensamientos del atormentador castigo,
encerrados en la mente, pasivos.

Camino sin sentido de orientación.
Dudo saber dónde me encuentro.
He pasado de mente en mente,
de inspiraciones impotentes.

Inconsciente es el nombre de mi mundo.
Soy viajero y navegante.
Paseos entre la realidad y los sueños,
las sombras y la oscuridad.

Quiero salir de la decidía.
Me pregunto hasta cuándo soporté medirla
entre los impulsos y la moral;
sin consciencia, sin cabida.

Mirándome al espejo

¿A quién veo cuando me miro en el espejo? En aquellos ojos cafés trato de adivinar los pensamientos profundos de mi ser, debajo del cabello castaño que cubre el escondite de las ideas. Esa boca expresa palabras para poder callar los sueños.

¿A quién veo cuando me miro en el espejo? Tal vez veo a aquel hombre con varios años; la experiencia fue marcando en él las arrugas de su frente y sus pómulos, ya caídos por las desveladas de tanta lectura, libro tras libro, convirtiendo en sabiduría plena lo que ahora ya no tiene sentido.

Veo en la persona que se refleja en el espejo, la figura de un caballero en brillante armadura, pues siempre quiso proteger a todo el mundo, cuando el mundo lo atacaba y trataba de defenderse con su espada hecha de pluma y su escudo de corazón. Al final fue partido en dos por las constantes luchas, y lo que antes fue una copia de Excalibur, ahora resplandece como un cuchillo sin filo.

Aun así puedo ver más allá de las pupilas de mis ojos; veo a esa alma caída por la tristeza, pero levantada por el orgullo, con un carácter fuerte y potente, sin dejar a un lado otra cara de mi rostro, el ser que se convierte en el poeta, que usa la fantasía como refugio de su propia naturaleza, menos indoloro, más surreal.

Siempre termino siendo esa persona reflejada en el espejo; respondiendo a la pregunta del inicio: esa persona soy yo.

Soy un títere

Soy el títere del ser que no conozco,
que solamente habitó en su inconsciente.
Me utiliza para escribir sus versos,
palabras, relatos o cosas que no me conciernen.

Soy marioneta de un alma perdida,
que en sueños me deja ser libre.
El titiritero no sabe que existo,
sólo quiere que salga de forma inocente.

Se confunde al mostrarme plácido,
cree que simplemente soy parte de él.
Pero su alter ego presume lo contrario,
ya que ni siquiera puede controlar su psique.

En momentos me pierdo con el que redacta,
no sé si soy yo o mi amo al que alaban.
Simplemente soy alguien que calla,
vagando por mis ideas desesperadas.

Por un lado me llaman Le Marthelle,
nombre francés de la inspiración y la poesía.
Mi otra persona es Alonso,
mi amo que siempre vive en agonía.

Cuando estoy con personas
nunca sé quién soy en realidad:
el muñeco que redacta en prosa
o mi maestro que me intenta interpretar.

Mi camino fácil es el inconsciente,
un mundo mágico donde soy un experto en él.
Los sueños son para mí como puentes,
pues el hábil señor no me puede reconocer.

Por fin termino siendo más que sólo un títere.
Él cree, ingenuo, que me maneja a placer,
pero más que eso soy su apoyo, y aunque reitere,
tiene miedo de que salga realmente y
terminemos siendo un mismo ser.

2

Dedicados a...

En un homenaje

A mi abuelo

Hoy dedico mis letras, que están llenas de amor,
a un hombre que representa lo mismo
con esa cálida pasión.
Hablo de un ser extraordinario,
pues es fuera de esta sensación,
la que tal vez pueda explicar con palabras
lo que me conmueve en el corazón.

A un hombre que juega varios papeles en la vida,
pues tiene que ser distinto para cada persona,
dando siempre lo que el otro necesita
y rogando al creador para que los cuide, que,
como él, nunca los abandona.

Ese ser tan perfectible se convierte
también en el maestro,
dejando enseñanzas a sus hijos y nietos.
Palabras sabias de consejo
en sus buenas historias de recuerdos pasajeros.

El alma de tan gran personaje
es pura como la ternura de su mirada,
presentando siempre sus brazos suaves,
dejando amor en cada beso que da al que lo ama.

Le debo mi admiración completa.
De niño siempre quise llegar a ser como él,
pues me inspiró en cada paso que yo diera
y me mostró la fortaleza que guarda en su haber.

Sus canas no son más que un símbolo
del pasar del tiempo,
pues reflejan la experiencia vivida
a cada momento.
Muchas de ellas son de preocupaciones,
unas de él, otras ajenas, siempre sensible
a sus emociones.

Su corazón es el reflejo exacto de su espíritu;
la fuerza de los años en el trabajo
que ha desempeñado.
Mostrándose a sí mismo que él
siempre está preparado,
es responsable y ordenado, aunque
es frágil puede llevar ese cargo.
Termino con este poema dedicado
a mi segundo padre,
es mi padrino y mi ánimo constante,
a quien admiro y sigo amando
con cada gota de su misma sangre.

A la chica emo-ciones

Al pasar el tiempo se encuentra irreconocible
la sensación altiva de la mente en desencantos.
Perdiendo la consciencia se turba la luz sensible,
al confundirla innata con el fuego de su encanto.

Mirarla tan frágil, su tez que se cristaliza,
se convierte ahora en uno más de sus hechizos.
En su vista encierra la magia que perdura
de su instinto cálido que explota cuando atizo.

El negro representa para ella la ignorancia,
prefiere simplemente que no la vean;
encerrarse en su mundo donde nadie
va a lastimarla.
Alejarse de la realidad que la atormenta.

Tocarla suave se convierte en el delirio
del deseo perdido del que siempre la imagina,
donde los sueños se convierten en su
único camino,
pidiendo por un momento realidades en cenizas.

Su cabello se pierde entre la oscuridad pasajera
al envolverse en lo profundo de su alma.
Cubre sus ojos, pues no son dignos de tal belleza,
dejando en sus labios las rosas espinadas.

Su mundo se vuelve el diseño de la fantasía;
crea lugares donde sus visiones
queden a la deriva.
Realiza lienzos plasmando ideas continuas,
y en las sombras oculta las terribles pesadillas.

La inspiración se roza con su esencia,
pues de ella nace la musical locura,
donde uno se enamora de la musa misteriosa,
que sólo termina siendo admirador
de su grandeza.

Inspirando graciosas a las palabras
que plasma el poeta al ver sonriente a su escultura.
Guarda los secretos del alma descuidada
y encierra en su corazón la dicha en pureza.

Juego de muñecas

En un lugar donde el tiempo es eterno,
los cuerpos, en un momento, se desnudan.
Los pétalos de las rosas caen al frío suelo,
donde las muñecas juegan libres sin culpa alguna.

Las expresiones del deseo en un suspiro,
el placer de encontrarse en un mundo de caricias;
entrelazan sus sueños con sus brazos en
cálidos sonetos,
como si fueran las notas de una dulce sinfonía.

En ese danzar de los cuerpos
se sienten encontradas una y otra.
Sin juicios, sin límites, sin nada de lamentos,
sus almas puras son pequeñas que juegan
como niñas curiosas.

Recorren los cabellos largos,
la piel, su vestido perfecto,
con sus manos suaves rozando
la escultural belleza de sus cuerpos.

Tiernas descubren en miradas
que es más que un juego para ellas.
Es aquella expresión limpia en esa cama,
donde pueden ser ellas mismas, aunque
sólo por un momento.

¿Por qué no pueden ser libres al fin?

¿Quién se atreve a condenarlas?

Si es solamente un juego en sí,

como una aventura de un cuento de hadas.

Atrapadas en un mundo perdido,

donde los supuestos valores los rigen.

¿Qué es si no la honestidad de su escancia amada,

de las muestras frustradas del eterno cariño?

Corren en un campo de incertidumbre;

tienen miedo a ser juzgadas.

Detener sus instintos por hombres

que las maltratan

y creer que hacen mal en ser amadas.

Vino con sabor a mujer

Caminaba por las calles vacías,
encontrándome aquel viejo café.
Donde se inició nuestra historia,
donde tomé mi copa con el vino de tu ser.

En ese instante pleno
en el que encontré tu pasar;
con miradas perdidas,
tu sonrisa al hablar.

Cada palabra una caricia,
el sonido de la ilusión.
Déjame poseer tus sueños
y te entrego mi corazón.

Tomé un trago de mi copa,
el vino me recuerda a ti.
Tu perfume, como rosas,
invade mi cuerpo y su sentir.

La suavidad de tus labios,
el cristal frío que me has dejado.
Muevo el vaso tan cálido y despacio,
como si fuera el vaivén de tus encantos.

Me encuentro sentado, ausente,
solo, sin tu presencia.

Te fuiste de este, mi mundo vago,
y me dejaste sólo tu inocencia.

Por eso vengo a este lugar plácido,
esperando que con el vino estimule el soñar.
Y tomando siempre el brebaje cálido
para embriagarme al gusto de poderte olvidar.

Muñeca de trapo

Pasas tu tiempo sin vida,
pobre ser inanimado.
Que estás siempre tendida,
cansada de tanto maltrato.

Sufres en tu pequeño mundo,
tus vestidos ya son harapos.
¿Por qué estas llorando?
¿Por qué te han lastimado?

En tu cara dibujas una sonrisa
y por dentro mueres a pedazos.
Ya no siento tus caricias,
tus juegos de niña se han consumado.

Tus ojos piden dulzura,
tu alma pierde su encanto.
Crees que todo es una locura,
tus pesadillas apenas han comenzado.

Dime por qué esa sonrisa.
¿Es que para ti la vida no ha terminado?
¿Qué te hace sentir alegría?
Porque ya no puedo notarlo.

Parece que el tiempo en ti no pasa,
pero tu pelo ya está desgastado.

Pobre muñeca de trapo,
pobre ser inanimado.

Quédate con tus sueños,
mi muñeca de trapo.
No te quedarás en el olvido,
tu ser siempre será recordado.

Triste payaso

Payaso, triste payaso,
tu sonrisa demuestra tristeza,
tu corazón sucumbe destrozado.
Esta larga agonía
mata tu pobre encanto.

Tu cara ya no tiene su luz,
tus bromas se han acabado.
¿Por qué sigues sonriendo?
¿Qué te mantiene animado?

Payaso, triste payaso,
los niños no te recuerdan.
La alegría se ha terminado,
¿Aún vive en ti esa esencia de un
payaso atolondrado?

¿Qué es lo que te hace sentir?
Tu fin es hacer reír.
Tu máscara demuestra alegría,
pero tus ojos pierden su carmín.

¿Por qué quieres seguir amando?
¿Qué te hace querer seguir jugando?
¿Aún no te has dado cuenta
de que los niños ya te han olvidado?

¿Por qué te has esforzado tanto
si nunca agradecido has estado?
No te detengas por esos niños,
date cuenta que no puedes evitarlo.

Al final quieres ser recordado
tan felizmente como antes.
Colores vivos como un Sol radiante,
nariz roja y zapatos grandes.

Tu sentido en esta vida
es simplemente hacer reír,
pasar una gran alegría
y siempre dar un motivo para sonreír.

Alicia

En los recuerdos de la mente vives,
eres el ser que expresa la belleza.
Pequeña en la humildad de la inocencia,
la nena a los ojos de una reina.

Aventura encuentras en tu camino,
disfrutas de estar en compañía.
No te asustas de este laberinto,
pues al final sabes que tienes una gran dicha.

En tu mundo descubres sorpresas,
los milagros de sus adentros.
Personajes que sólo ves en sueños,
divertida por lograr todas tus metas.

Tu larga cabellera rubia
refleja los rayos del Sol.
El azul cubre tu silueta,
siempre niña en el corazón.

Paseas por la mente aturdida,
das esperanza y felicidad.
Con el rostro demuestras tu sonrisa,
donde se posa la ternura en amar.

Danzas en el mar del espacio,
platicas con las flores.

Eres la princesa de las ilusiones
de mágicos multicolores.

Amigos tienes por doquiera,
todos quieren leer tus fantasías.
Aventuras en cada letra,
en aquel país de las maravillas.

Puedes jugar con los niños
y darles anhelos de día.
Duerme en la calidez de las hojas,
pequeña y siempre dulce Alicia.

La locura del Sombrerero

Tal vez este cuento en prosa
se identifique con cierto personaje,
que no es de un cuento de hadas memorable,
más bien de un país donde la locura se goza.

Es un gran amigo de todos,
y para él, el mundo es como una broma.
Celebra siempre con una taza de té,
su brebaje mágico con que siempre se le ve.

En su sombrero se oculta
la demencia hecha fantasía.
Los pensamientos vagan en su mente perdida,
un mar de sabor a agonía.

El sombrerero se presenta
ante una niña rubia y pequeña,
quien le dice cosas de su vida,
un mundo que se encierra en su esquizofrenia.

"Quisiera saber cómo eres niña.
Me alegro mucho de que pudieras venir.
Me imagino que todavía crees en cuentos,
pues esta locura es parte de ellos".

"Hay veces que pienso
que este mundo es una casa de muñecas.
Y que nosotros existimos y no,
somos parte de ella porque nos sueñan".

"Soy maestro de los sombreros,
hago con ellos lo que quiero.
Cada uno tiene su dueño,
en una cabeza con horribles pensamientos".

"Los hago porque me divierto con ellos,
me cuentan historias divertidas
de mentes, lugares que visitan,
pues se guardan en ellos las almas vacías".

"Dicen que estoy perturbado,
no lo creo. Todos están confinados.
En este mundo no hay lugar para la cordura,
no hay diversión si no hay locura".

Termina de hablar con sus ojos perdidos,
camina hacia la pequeña niña.
Ella no se asusta, se le ve divertida,
pues está con alguien de especial compañía.

Canta con ella canciones de fiesta,
donde nunca se termina la felicidad,
pues siempre llega a la hora de la merienda,
queriendo eternamente con júbilo brindar.

En este cuento sólo existen ciertos personajes,
como el Sombrerero loco y su mágico brebaje,
que son personas sin sentido, sin cabida,
pues siempre están en una gran armonía.

Humanidad

¿Cuándo dejamos de pensar en nosotros mismos?
¿Y cuándo comenzamos a pensar en los demás?
¿Entonces en algún momento
murió nuestra humildad?

Aquellos restos de altruismo
que pasaron por el tiempo atrás;
perdidos en un llano
de un sueño terrenal.

Almas vacías como el hielo,
sin calor, en soledad.
¿Será que la sociedad se ha perdido
en un abismo invernal?

Cada guerra, un sufrimiento,
cada bala, un corazón a destrozar.
El hombre se pierde en odio y rencor.
¿Quedará espacio para poder amar?

Ser que no le importa la vida,
que sólo se dedica a matar
por varias diferencias:
raza, sexo, religión y más.

¿Qué le ha pasado al mundo?
¿Por qué dejó de brillar?

En cada hombre un problema
se ha quedado sin querer escuchar.

Perdido en celdas vacías,
donde el inocente es culpado por hablar.
Sólo la locura es la salida
de esta podrida y vaga sociedad.

El tiempo seguirá pasando,
y si el hombre no se pone a reflexionar,
terminará con este bello planeta;
sólo quedarán restos de lo que solía
ser una humanidad.

Hombre-loco

Pasaje pávido en la mente ilusa del viejo andar,
el hombre, transcurrir de su tiempo,
sin saber que su estancia recordada
ya no podrá ser.
Porque aquella misma sociedad que
un día lo vio nacer,
lo destruirá, alejará y será recluso en
una cárcel de aire.
Él que ya no está cuerdo
prefiere el refugio de la fantasía
al no querer afrontar la lastimera realidad;
ilusionado por la existencia del recuerdo ausente
en el alma perdida del ser que no existe.
"Demencia" es el significado de su
mirada perdida,
sin rumbo fijo, que levanta sueños del suelo
y dejar caer su agotado espíritu.
Algunos lo llaman loco o ingenuo
por creer en lo que el hombre olvidó tiempo atrás.
Y vive de rayos de Sol, duerme con la Luna
y se alimenta de ilusiones;
la sociedad no tiene espacio para él.
Mejor lo encierran en una cárcel llamada hospital,
donde varios curanderos con forma de ángeles
son guardianes de su mente

y le enseñan cómo debe sentir.

Tal vez esté loco, pero quizá sea el más
realista de todos,

el que sin duda observa el ambiente

que lo rodea.

Pero aun así lo marginan

porque ellos no pueden aceptar la verdad:

que también están locos.

Las personas han perdido su sentido

hace mucho tiempo.

Lo que los unía, o amaba,

lo cambiaron por la pérdida de la razón.

Un pedazo de ilusión llamado locura.

Perdóname, Tiempo

Perdóname, Tiempo,
por hacer estragos en tu pasar.
Por dejar cosas mías
sin resolver, sin terminar.

Tú eres tiempo eterno,
puedes hacer a las heridas sanar,
destruir montañas con tu golpe
y consumir la vida en un parpadear.

Perdóname, Tiempo voraz,
por maldecirte en momentos y
gritarte fuerte e injusto
por no poder volver atrás.

Dime cómo puedo hacer
para poder soportar.
Que ya no aguanto más,
sólo me siento a esperar.

Quiero detenerte en instantes,
quiero por siempre soñar.
Segundos pasajeros
de una historia sin un final.

Por más que transcurres,
tu rumbo nunca tiene un final.

Déjame pasar el tiempo,
que las agujas rueden sin escapar.

En ese espacio profundo,
en tu infinito pasar,
me encuentro en el Tiempo
sin poder respirar.

Quiero dejar de sufrir.
Perdóname, Tiempo capaz,
por no creer en ti,
que no me puedes sanar.

Venus inspirada en Poesía

Diosa admirable de dicha en belleza,
que sólo suspiras y bajas a mi mente impía.
Dejas caer pedazos de ilusiones en sutileza,
pues sólo quieres que se describa tu
mundo de fantasía.

Te seduzco con la tinta de mi alma,
con el aroma seco de tu piel,
pues siempre tengo que pensar en tu mirada
y plasmarla en mensajes de papel.

Mujer, pues sólo existes para estar dotada
de hermosura;
en la suave flor expreso tu inocencia.
El pétalo de la vida cambiado por néctar rosa
del brebaje encantado de tus labios de cereza.

En momentos llegas de tu viaje de cabezas;
arribas como musa, Venus encarnada,
pues sabes cómo yo alabo esa ternura
y de escribir termina siendo la expresión lograda.

Eres mi dicha, mi amante perfecta,
pues fuiste creada para hacerme compañía.
Nunca estás sola, pues siempre está el
escritor a la deriva,

que te utiliza de recurso para sentir, amar y
pensar en agonía.

Al amor, a la lírica, tú entras todo el tiempo
disfrazada,
pues no se te puede ver tan simple, tan desnuda.
Tendrán que ser los ojos del alma amada
que enuncia versos de la inspiración soñada.

Tu significado convierte al poeta en idealista,
pues se vale de las letras que son tu vestido
que te armas.
Con cada marca de su pluma corta como espada,
cautivando tu esencia encerrándote en palabras.

Poesía te llaman, guardiana de mis secretos,
la forma donde el lenguaje se convierte en talento,
dedicándote canciones, sabiendo que no
todo es perfecto,
pero en tu universo mágico eres la felicidad
en momentos.

Termino estas palabras dedicándote mi ser
completo,
pues eres la única que reconoce que te admiro.
La idea, la lágrima, del soñador romántico,
que se inspira y te dedica de su pluma cada
verbo en litigio.

3
Natural

Lo que la naturaleza nos dá y podemos devolver

Mariposa

Abre tus alas al mundo
y no tengas miedo de volar.
Entre más alto te encuentres,
más lejos llegarás.

Que el Sol ilumine tus caminos
y la Luna tu pasar.
Los destellos de colores
resplandecen en el mar.

Encuentra esa flor
donde recoges tu néctar.
En ella se esconde tu virtud,
tu corazón es polvo de estrellas.

Bello ser, cual hada,
que recolectas amores.
Ingenua en tu cruzada
encuentras desdichas y desilusiones.

En tu mirada se refleja
una dulce sensación.
El viento que te aleja,
dibuja ápices de amor.

Ni la lluvia ni la tormenta
detienen tu danzar.

Tu inmensa fortaleza
en tu cuerpo de cristal.

No caigas en la tentación,
que sólo roba tu ilusión,
dejando tu hermoso polen
en flores sin olor.

Vuela, vuela, mi dulce mariposa,
vuela a mi corazón.
Despliega plácida tus alas
al compás de esta canción.

Belleza de hada

Espíritu de luz que ilumina mi existencia;
ente mágico que hechizó mi corazón,
que vuelas con tus alas de dulce color,
suavemente, en un bosque encantado
que sólo existe en mi imaginación.

Tu belleza solamente se compara
con la de un hada.
Tan frágil, tan dulce, tan amada.

Tu voz tan melodiosa,
como el agua cayendo de una cascada de cristal.
Tu aliento es como un rocío matutino
que pasa sobre la mañana para hacerme despertar.

Vestida de azul celeste
te pierdes entre la noche y el día;
coronada como princesa,
con una tiara de rosas divinas.

Contándome historias
de cuando me enamoré de ti.
Y yo escuchando atento, mirándote,
soñando con tu rostro y tú sentada junto a mí.

Bello lucero que pasa sobre mi ser,
haciéndome sentir alegrías,
queriendo gritar al mundo en pantomima,
pero es sólo un secreto que guardo al amanecer.

Tu hermosura de hada
es imagen de mi inspiración.
Cuando escribo poemas
pensando en ti, mi amada,
las palabras escapan soñadoras,
vagando como estrellas en los muros
de mi habitación.

Y termino esta ilusión como
un sueño inalcanzable,
deseando estar en tu mundo
de magia e imaginación.

Destello del Sol

Alegrando las estrellas
de energía a su pasar,
las flores se reverencian
por ver al Sol llegar.

Luz en el camino,
cobija de los pobres.
Rey del firmamento,
reinados de ilusiones.

Sol de eterno destellar,
el agua rozas sin querer,
En nubes se transformarán
para cerca de ti poder estar.

Esposo de la Luna,
das parte de tu vida
para ayudar a la Tierra
a que crezca en armonía.

El fuego que emanas
enciende corazones.
Cálidas miradas
en ardientes tentaciones.

Y aunque la lluvia caiga,
no apaga tu fortaleza,
solamente la cubre;
te llena de naturaleza.

Al despertar la mañana
nos saludas amable.
Por las tardes te cansas
y en la noche quieres acostarte.

Si te vas, ¡oh, Sol bendito!
Nos dejas en oscuridad.
Quédate otro ratito
para que me puedas alumbrar.

Sueños de Luna

La noche se ilumina
con hermosas estrellas.
Tu luz me acaricia,
oh, Luna de ensueño.

Tu, hermosa Luna,
caminas sobre mil sueños.
Siento que me das vida
si estás cerca o estás lejos.

Me inspiro al sentirte, al tomarte y tocarte.
Y escribo palabras con
pensamientos o sentimientos
que irradian mi ser completo,
mi existencia y mi vida.
Y yo sólo quiero mirarte,
observarte e inspirarme.

Que vives, pero estás muerta.
Que te mueves si te dejo sola.
Que sonríes cuando aluzas.
Y que llueve cuando lloras.
Y aunque parezcas Sol,
eres la Luna.

Mujer de noche
que sale al acabarse el día,
quisiera verte siempre y soñar en sinfonías.

Soñar con tu luz en el mar,
como una cascada de fantasía
que pasa sobre la Tierra
para brindar alegría.

Quisiera que me miraras
y que estuvieras viva:
amarte, besarte
y apagar esta agonía.

Pero sé que sólo son
mis sueños de Luna,
mis noches de día
y mis canciones de cuna.

Corazón de estrella

Mirando el cielo de noche,
el eterno vacío espacial,
iluminando cálida sin reproche,
una estrella brilla sin parar.

Se pierde en la inmensidad inerte,
se oculta por la niebla ciega.
Tan cerca del horizonte se convierte
en pálida luz del cielo que me tienta.

Tus rayos permanentes me alcanzan;
la ingenua idea de pedirte un deseo.
Por más sueños que me lanzas,
me siento como niño mirándote a lo lejos.

De tu cuerpo celeste me llenas,
del color que me emite tu luz.
Y si el Sol te observa plena,
la Luna siente celos de tu juventud.

Lucero de la mañana ardiente,
te escondes antes de que la claridad se imponga,
pues te gusta salir en la oscuridad solemne
y dejar tu estela a roce de tu sombra.

Eres la dueña de mis secretos,
en ti veo claro mi destino.

Aunque no estés cerca, estás en mis pensamientos
y me siento seguro de seguir con mi camino.

Tu polvo cae sobre mis manos y
juego con la ceniza radiante.
Permanezco pasivo al toque de tus encantos,
sintiendo que tengo un regalo de tu parte.

Al final eres mi eterna compañera,
a quien puedo contarle muchas de mis historias.
Mi ilusión permanece en esta noche seria,
mi dulce estrella, dueña de mis memorias.

Gotas de un camino

Una pasión errante,
la huella de un camino.
De un calor un frío,
de un verde un amarillo.

Hojas de un cuaderno
cayendo a un azul tibio.
De donde salen versos
del pasaje de un destino.

La lluvia pasajera,
llevándose destinos,
cae sobre la acera
como gotas de un camino.

Sonidos como ondas
se escuchan al caer.
Se pierden como sombras
en un mar del saber.

Hielo sobre agua,
nieve en un castillo.
Paisajes sin sentido,
gotas de un camino.

Montañas elevadas
sobre un paisaje blanco.

Con vestidos largos,
como caudales del río bajo.

Sonidos de risas,
llantos por momentos.
Lugares mágicos,
sueños y pensamientos.

Recuerdos perdidos
pensando en el destino.
Vívidos cristales,
sólo gotas de un camino.

Sonidos en el viento

Sólo ruidos en pautas,
un canto, un silencio,
El soplo de una flauta,
los sonidos en el viento.

Escucho voces a lo lejos,
cantando a momentos;
notas musicales
de armónicos pensamientos.

Gotas de lluvia
cayendo sin saberlo
en lugares distintos,
en sueños pasajeros.

Movimientos de los árboles,
tan suaves y placenteros,
contándome secretos;
sonidos en el viento.

Retumbos de tambores,
truenos destructores,
sentimientos expresados
rompiendo corazones.

Por fin callan silencios,
aquellos sonidos en el viento
que sólo eran destellos
de ruidos sin lamentos.

4

Narrativa

Una expectativa, un cuento, una historia

Con sólo tomar tu mano

Fue como un sueño aquella tarde de otoño. Tu rostro me mostraba una mirada dulce y distraída, yo me preguntaba por tu mente qué pasaría. Así caminamos bajo una lluvia de hojas secas que caían al frío suelo y crujían al pisarlas, algunas de ellas eran suspendidas en el aire por los suspiros del viento.

A eso me remite el recuerdo de dos caminantes por aquellas calles vacantes, yo estaba nervioso, no podía negarlo, pero en ese momento me atreví a tomar tu mano. Tal vez por valiente o tal vez por cobarde, simplemente tenía el deseo de tomar tu mano un instante.

La primera vez que tomé tu mano, no sentí nada. La segunda vez, me sentí confundido.

La tercera vez fue cálida, como el calor de tu alma a través de mi piel. Pero la cuarta vez me sentí feliz, pues fue ahí donde por fin te preocupaste por mí y te pude sentir.

Y cada vez que estoy contigo, en tus ojos puedo ver el reflejo de un sentimiento que no puedes esconder. Tan cerca, tan suave, y tan tierna a la vez, con sólo tomar tu mano sabré que siempre me podrás comprender.

Momentos de un café

En un café, todo comenzó en un café.
Caminando por calles vacías,
fue nublado aquel día.
Un sábado después de mediodía,
un julio aquel mes hacía.
Y en una sala de café el conversar se esperaría.

Con una sonrisa en mi boca,
y con la suavidad de tus dedos entre los míos,
caminábamos ese día tomados de las manos,
acercándonos cada vez más a ese lugar místico.
Llevados por el suave andar
para encontrar ese sitio,
para resguardarnos del frío
con el calor de un suave vino.

Entramos en ese lugar tan
exótico, lleno de mesas y sillas.
Gente con conversaciones
vacías, sin tristeza ni alegría.
Pero al seguir con nuestro recorrido
llegamos a una pequeña sala
con un sillón cómodo y suave, con
luces que parecían apagadas;
rojas en un tono bajo y la oscuridad
que nos rodeaba.

Con una vela en la mesa,
que además de iluminar la escena
también nos daba calor en el alma.

Aquel día tú pediste una bebida sencilla,
yo recuerdo haber pedido una copa de vino tinto.
El vino siempre lo he podido
comparar con una diva,
cada parte de él me anima.

Al oler aquel buque recordé
tu perfume que percibía.
Era un aroma seductor que
en todo instante me atraía.
El suave movimiento de mi mano,
al observar aquel líquido rojo como
la sangre, como la pasión de dos amantes,
parecía como si el vino era tu cuerpo que bailase.

Procedí a poner mis labios sobre la
copa y beber aquel néctar;
pareciera como un suave roce de tus labios,
sintiendo cómo el exquisito sabor tan denso
se comparaba con besarte a ti y saborear
el momento.

Al darme cuenta de que en la realidad
me encontraba sentado con una hermosa mujer,
que sólo hacía que se alejaran más mis
comparaciones con el vino
y recordara que estaba en aquel lugar, en ese café.

Me acerqué a ti y tú sólo sonreías.
Me platicabas cosas de nosotros.
Yo sólo prestaba atención a tus bellos ojos
y tu boca que se movía lentamente,
Muriéndome de ganas por besarla.
Era un espectador que sólo quería verte.

Me atrevía a tocar tus manos.
El sólo tocar tu piel era como
tocar terciopelo suave,
como pedirle al tiempo poder detenerse;
disfrutar de tu compañía y
sentir tu mano tibia
encima de la mía por siempre mantenerse.

No podía soportarlo
o estallaría en mí un deseo imponente.
Me aproxime aún más a tu rostro,
lo tomé entre mis manos y te besé dulcemente.

No quería soltarte ni que te apartaras de mí,
pero tenía que hacerlo al fin,
porque si no, no podría contemplar tu cuerpo
tan esculturalmente tallado ni tus encantos de
mujer en ese vestido blanco.

Cuando te escuchaba era algo
realmente sorprendente.
Tus labios decían lo que piensas o lo que callan
en secretos fuertes.
Y aunque en ocasiones no existan sonrisas, en su

lugar una cara de tristeza,

sé que pasa algo; es lo que reflejan tus labios

que no me mienten.

Cómo disfrutaba cada momento, cada espacio

de tiempo corto lleno de segundos eternos. Cada

respiración era un suspiro, una ilusión, un delirio.

Tal vez yo no sea digno de tal belleza,

me impacta tu naturaleza.

Sólo puedo compararla con la Luna,

presumiéndonos su silueta.

Pensar que algún día seremos tú y yo solamente.

¿Y qué tiempo será testigo de que

lo que yo exprese?

Que no termine en este café, en este lugar de Edén.

Que continúe su historia sin terminar de ver;

de estar por siempre juntos,

como en un sueño fuera, al parecer.

Termino con este destello

que queda grabado en mis pensamientos.

Y en cada noche un desvelo

por recordar ese café, ese momento.

Recuerdos de un sueño

Por sólo un momento cerré mis ojos y sólo soñé con un mundo mágico y maravilloso.

Recuerdo este lugar porque ya he estado antes aquí, un lugar que sólo existe en mi mente y voy cada vez que necesite estar solo con mis pensamientos.

Lo veo muy claro: es una playa. La brisa marina me refresca, lo puedo sentir. Camino por una arena tan suave que siento que floto. El agua del mar es cálida y me moja los pies.

Observo el cielo, la lluvia cubre lo que parece ser una mañana y nubla mi vista. No puedo ver nada, e incluso si pudiera, todo sería gris. Me rodea la soledad, pero me siento bien y te recuerdo.

Y lo que me sorprende es que ahora te puedo ver. Traes puesto tu vestido blanco que siempre me gustó; te acercas a mí y yo sólo te sonrío.

Tomas mi mano tan dulce y suavemente, cual tela de seda, y te siento tan viva como antes.

Caminamos un tiempo en esa playa de ensueño; no puedo dejar de mirarte, veo tus labios como pétalos de rosas. Tu cabello tan hermoso, largo y castaño, se ondea con el viento del mar. Tu voz, cual canto de sirena, y tus ojos verdes me dan luz en este lugar tan oscuro.

Y de pronto no encuentro el momento en el que te vas. Desapareces de mi lado y me quedo solo de nuevo. El cielo se abre mostrándome la Luna, una Luna a la que le he rezado mucho para que estés viva de nuevo.

Si extrañara alguna cosa de mi vida cuando muera, sería a ti en esta playa. Porque no puedo soportar estar lejos de ti, de un amor eterno y de ilusión.

De repente despierto, todo era un sueño. Me levanto de la cama pensando si fue realidad o una ilusión. Volteo de nuevo a mi cama y miro sólo sábanas y una almohada vacía. Sí, todo fue un sueño, un pasaje de sueño que se escapó de mí.

Tomo tu fotografía de aquel pequeño buró donde me guardabas cartas de amor, de confesiones profundas de lo que sentías por mí, de tu corazón abierto a mi ser. La miro y dejo correr una lágrima sobre mis mejillas hasta mis labios secos por falta de un beso tuyo.

Te extraño, y si pudiera estar contigo de nuevo, estaría en estos sueños, en aquel lugar, en estos pasajes de sueños donde encontré mi destino y mi felicidad.

Cuando estés con ella

Cuando estés con ella obsérvala detenidamente. Mira sus ojos, aquellas ventanas de su alma, aquellos que te dicen lo que piensa, lo que siente cuando te ve. Mira fijamente su ternura y por segundos no digas nada, sólo mírala, demuéstrale que puedes expresar lo que sientes sin decir ni una palabra. Tan sólo mírala.

Percibe ese aroma que despide, que te hipnotiza, que te llama, ese perfume de su ser, ese aroma dulce como las rosas. Disfrútalo, deja que te llene de él, que te llame, que te incite a probar su néctar de los pétalos de sus labios.

Cuando estés con ella tómale su mano, siente ese calor, roza su piel con tus dedos. Siente el calor a través de ella, ese suave contacto de su tesura. Descubre su piel, su rostro y, como un ciego, deja que ella te guie por su rostro. Siente aquel lugar que han recorrido lágrimas de alegría, pero también de tristeza. Recorre su cabello con tus manos, despacio, juega con él.

Bésala con los ojos cerrados, pues sólo así es cómo puedes describir ese momento en tus sueños. Y cuando abras tus ojos, mira esa sonrisa. Quédate con ese instante, con ese momento, en ese lugar y con esa persona.

Cuando estés con ella, se tierno, entrégale lo mejor de ti y no te preocupes por no recibirlo, pues cuando estás con ella eres mejor persona.

Es posible que tengas miedo, un miedo ingenuo que te puede confundir y te puede hacer perder esa confianza en ti, en ella, en ustedes, pero aun así continua.

Ámala sin temor a nada, pues ella te amará de la misma forma. Dale parte de tu corazón, pues solamente esta parte es la que puedes arriesgar para ganar más o perderlo todo.

Demuéstrale que la puedes hacer reír, que la puedes hacer soñar, que la puedes hacer vivir; aquel sentimiento sencillo, pero a la vez tan complicado de explicar. En momentos también podrás hacerla llorar y cuando no está es cuando más la necesitas.

Ella puede llegar a ser tu mundo, pero sólo déjala orbitar en él, pues cuando más profundo pueda ser, es cuando poco a poco podrá descender a tu Tierra.

Déjate llevar por ese sentimiento, por ese deseo, por esa ilusión. Arriésgate a perder, pero también a ganar, a soñar, a despertar, a jugar y a ver la realidad. Prepárate en todo momento, pues nunca sabes cuál será el mejor o el peor de ellos.

Háblale, que escuche lo que piensas y también escúchala, pues ella te dirá todo lo que quieras escuchar. Grita también si te hace enojar, pues así es como se expresa la devoción, donde se expresa aquella pasión. Y que sepa tu razón, pero respétala. Nunca la lastimes, pues ella te dio lo más valioso que te puede entregar: su corazón.

Ama, llora, ríe, piensa, calla, pues sólo así se puede vivir. Sólo así se puede expresar y también se puede llegar a soñar, a caer, pero también a levantar.

la perdí

Nunca supe en qué momento fue o siquiera si fuera parte de mi inspiración, la misma inspiración que antes me ayudaba a describir la sutil belleza de su encanto, en la tentación altiva que la fuerza de las palabras podía desnudar el alma frágil de tan angelical figura.

La perdí. Esa es la explicación que me otorgó al darme cuenta de que en un batir de alas, o con suspiro mismo del viento de un invierno eterno, se fue de mi lado aquel ser, aquella musa del recuerdo de los instantes placenteros, que con sólo mirarla podía ver a través de ella, hacia su alma, a su corazón perdido en la inmensidad de su pura esencia.

La perdí, como si fuera un sueño, aquella mañana en la que el Sol anunciaba un nuevo día, pero mi mente decía que todavía era de noche y no había despertado aún de esa fantasía, tan suave, tan inocente.

¿A quién perdí? Me refiero a la mujer misma de sensaciones plenas, aquella que mis palabras callaban sus pensamientos más profundos, aquella que podía parar el caer de sus lágrimas de cristal con mi mano tibia, o fundir su cuerpo con el mío en un abrazo de armonía, que dejaba ver más que una pisca de un deseo ferviente de protección permanente.

Tal vez la perdí cuando me di cuenta de que yo la veía más allá de lo que mi realidad me permitía, donde la imaginaba perpetua, irrompible, mágica, dulce y todos los demás adjetivos que pudieran calificar la perfección del cuerpo donde fue tallada su escultural figura.

Así, y sólo así, grito a los cuatro vientos: "¡Dichoso aquel que no puede dar más de lo que él mismo da!". Pues el poeta también se permite el fracaso, valiéndose no de él mismo, sino de perder la lucha eterna del cuento que no sucederá o la guerra que nunca ganará entre el que se expresa con palabras y la que es la razón de escribirlas, del amor.

La perdí, sin más qué decir. La perdí a ella, a su perfume de rosas, a su gracia reflejada en ese rostro angelical, pero también gané. Lo que nunca podré perder es la esencia de mi propio ser, único, lo que veo cuando me miro en el espejo, lo que puedo ver reflejado en él. Me gané a mí.

Sólo palabras

A veces pienso que estoy dormido
y que puedo verte.
Hay veces que pienso sólo en ti y
que puedo soñar despierto.
Porque creo que aunque no te vea
y no te pueda tocar,
sigo pensando que estoy en un sueño
del cual no quisiera despertar.

Hay veces que estoy solo y tengo recuerdos de ti.
Y aun cuando no estás, me dejas impregnado
con tu perfume de rosas,
que me hace sentir tantas cosas que
es difícil explicarlo.
Hay momentos que siento tu boca,
que siento tu piel,
respiro tu aliento y miro tus ojos, pero
sólo son ilusiones.

Despierto y te veo, y aunque no puedo creerlo,
existes y estás ante mis ojos,
y me miras curiosa, tratando de adivinar qué
fue lo que soñé.
Paso mi mando lentamente sobre tu rostro
angelical y suave,
y veo que me miras tan dulce y cálidamente
que puedo sentir tus pensamientos.

Puedo saber que me amas y puedo saber
qué soy para ti. Tú eres, para mí,
mi mundo, mi dicha, mi felicidad y mi vida.

Pero hay veces que me alejo y prefiero estar solo.
Me duele el poderte dañar y saber que te
puedo lastimar con pensamientos
egoístas que son fuertes, como mi orgullo.

Mi corazón sufre, te vas de mi vida
y me quedo solo ante el mundo.
Deseo desaparecer para no llorar,
para que no me veas llorar.
Porque mi mente y mi corazón no
aceptan que te hayas ido lejos,
y me pongo como un niño, llorando,
porque no te voy a volver a ver.

Pero me detengo observando mi
camino y observo mi soledad.
Y si me fuera algún lugar y sólo te pidiera algo,
sería un beso tuyo y que me dejes enamorado.

En eso tomas mi mano y la
acaricias tiernamente y me besas.
Tranquilo y feliz suspiro, como
si no me importara el mundo,
como si sólo estuviéramos tú y yo
en este lugar tan grande y tan solo.

No puedo dejar de verte y no puedo
dejar de sentirte.
Te abrazo tan fuerte y te hago promesas de
nunca dejarte, de no poder separarme de ti.
Tú sólo me miras y el tiempo parece
detenerse, sólo para los dos.

En un segundo la habitación se ilumina.
Tú estás dormida y yo estoy a tu lado.
Nunca creí ser feliz, nunca creí poder
amar otra vez.

Pero te doy mi corazón y mi vida, te doy el
alma de aquel poeta enamorado.
De aquel soñador amado, de tu guardián
y protector de tu corazón.
Del escritor que cuenta novelas con finales felices,
del artista que sólo pinta siluetas
de una viva pasión.

Gracias. Tenía que decirlo.
Gracias por dejarte amar y gracias por amarme.
Sólo te digo estas palabras en esta
hermosa noche de mayo.
Son sólo palabras de un poeta enamorado.

Una copa de whisky

Me encontraba perdido en la inmensidad de un lugar, donde los hombres pierden la razón para convertirse en seres siniestros o incluso animales sin sentido, que piden a gritos ser satisfechos por una necesidad imperiosa del néctar embriagante.

Así me encontraba perdido en un bar, donde mi presencia se confundía con un paisaje de muchedumbre impía en la irónica virtud de su delicia momentánea, y yo, por otra parte, mantenía sólo una copa de whisky en la mano, pues en aquel instante fue lo único que me podía mitigar el dolor; ese mismo dolor que me causó tu ausencia, la que un día tomaste cuando decidiste irte para nunca volver.

Fue entonces cuando lo pude entender, cuando recordaba el ver tu figura pasando a través de esa puerta cándida y testigo de tu engaño, aquella donde una vez caí rendido a tus pies, declarando mi amor eterno y perpetua admiración. El mismo amor que despreciaste por estar a lado del que se consideraba mi amigo y confesor.

Por eso estoy aquí, tratando de ahogar mis penas en alcohol, pero como diría la artista: "Las desgraciadas aprendieron a nadar". Tal vez comience con una copa de whisky y termine con 10 más, pero por un momento perderé la conciencia y no recordaré cómo es que en un batir de alas terminé con un amigo y un amor, y aunque ahogado en alcohol me encuentre, dejando ese perfume de su sabor, tú, mujer, fruto de la discordia y de mi interminable dolor, es por ti por quién tomo esta copa de whisky.

Al abrigo de la noche

Me cubro con las sombras de la febril oscuridad que el lastimero frío de esta amarga noche de noviembre me ha dejado, para que pasaras sin huella al valle de la muerte y me cambiaras por seres inanimados que gozan ahora con tu presencia.

Al abrigo de la noche encuentro el temple paralizado de tu ausencia, la rosa marchita es el reflejo de tu existencia que marcó el sendero de mi lúgubre estancia y mi eterna espera.

Lo que antes era rocío pasa a ser una caricia del viento que quema frío y pertenece a este invierno maldito. La soledad ya es una vieja compañera, pero ahora es cuando la veo más clara, más perpetua, y me perturba. El calor de la hoguera termina siendo ese fuego pasional que antes calentaba mi alma; ahora no es más que cenizas del recuerdo pasado del tiempo que me dice que no podré soportar mucho en este mundo lastimero y vil sin tu estadía.

Trato de pasar el tiempo leyendo los mismos libros que tú leías frente a esa chimenea, e imagino que los acariciabas con las sutiles manos de seda que en un tiempo atrás recorrían mi cuerpo, en vez de estas secas hojas llenas de palabras sin sentido, ahora, para mí. No puedo continuar leyendo, así que lo arrojo al calor de las llamas.

El recuerdo de tus labios permanece en mi ser, pues ahora dejaron los míos de pronunciar tu nombre; ya no tienen nada mejor que decir, sólo saboreo mi boca con la lengua, creyendo ingenuo que fuera la tuya por tan sólo un momento. Por eso escribo ahora letras con sangre, para relatar lo trágico de mi memoria y del final que me aguarda impaciente.

Tomo la daga con la que una vez cuidé de ti, con la que te protegía. Ahora será el instrumento que plácido calle mi corazón. La entierro en mi ente. Gota a gota cae ese líquido tibio del color de la rosa olvidada, y sin más suspiros que mi propio aliento agonizante, dejaré de existir lentamente.

Al abrigo de la noche se encuentra la tierra blanda, sin vida, que marca el lugar de mi entierro junto a tu cuerpo inmóvil. Ahí, en ese lugar, quiero que depositen mi cuerpo desgarrado por el llanto que me ha dejado tu dolor. Que los cuervos, ángeles o demonios, esas aves de ébano, cuiden de la necrópolis y bajen hacia mí. Y, por último, el epitafio gravado en aquella piedra de mármol blanco que rece de esta forma: "Aquí yace aquel que con sueños en sus manos despertó a una vida donde lo espera su amada, su feliz y por siempre eterna compañía".

Ángel caído

Del cielo eterno pintado en el mural del infinito fue donde se precipitó la más hermosa de las estrellas, de ese mismo cielo donde unas plumas de color blanco, el blanco más puro y sin mancha, flotaban suspendidas en el viento y mostraban la inimaginable figura de su desnudez inmaculada. Se mostraba un ángel cayendo al vacío de un mundo en llamas.

El tiempo marcaba lento cada instante, pauta por pauta, de ese destello claro, continuo de su estela. Y ese mismo ser se veía que bajaba lentamente a su trágico final, sin más que le espere; ahora sin sentido de la realidad y el miedo que siempre le habían atormentado.

Cae y cae, siendo así como llegó a lo más profundo de la Tierra, donde despertó. Se dio cuenta de la inmensidad del lugar y sentía cómo su cuerpo se convertía en fragmentos de fibra de vidrio, como el cristal en hielo; la suavidad de su piel, como caricia de seda, se perdía. Su tacto sutil de rosas, ahora con espinas clavadas, manchaban de rojo sangre su blanca tez.

Sus ojos no reflejaban más que el sufrimiento y la angustia, pues al caer se dio cuenta de que su pesadilla se volvió realidad; se convirtió en humana, mortal, así fue cómo perdió su esencia divina esa alma pura. Quedó encantada con el hechizo por haber empatizado con el ser que un día fue el clamor de ella.

Intenta caminar por ese mundo perdido, donde sabe que no existía más que el dolor, que en algún momento de la humanidad se apoderó y se decepcionó al no encontrar rastros de donde algún día se vivió el amor. Y el rezo se convirtió en su última plegaria, pues ruega al mismo cielo que la vio descender; suplica que no la dejen en ese lugar. Así intenta e intenta en vano, con el batir de sus pobres alas, ya sin plumas perfectas, que con el simple sonido de estas en el aire pudiera ir algún serafín a su rescate.

Lagrimas caían de sus ojos de esmeralda, que pasaban a ser lluvia que la cubría y la arropaba, llevándola a su consuelo, deseando desesperada volver a su Edén eterno, a sus nubes viajeras sin rumbo fijo por los mares azules y donde podía contemplar ella, intocable, la desdicha de la humanidad.

Ahora no se puede negar su existencia, pues sería negar la realidad misma. La ceguera orgullosa que templa los párpados caídos de los hombres se olvida de que bajan ángeles por sus culpas, aquellos pobres seres que por ellos pierden su inocencia.

Canción de Sanya

En una dulce noche de agosto, en el día 18 del mes, una niña vuela por el cielo azul; circunda ese espacio sin luz cantando alegremente una canción que la llena de gozo. Vuela por el firmamento con pequeñas alas en sus pies para sentir la brisa cálida del viento, como una caricia frágil pasando por el mar como su espejo, reflejando la silueta de su ser.

Pequeña muñeca de terciopelo, la nieve su blanca piel y cabello gris como nubes en velo; la chica linda de un país lejano que puede conmover. Su magia es especial, pues disfruta de las cosas simples y delicadas: jugar en el agua clara y comer un par de arándanos de temporada.

Sanya es débil contra el Sol. Siempre parece estar cansada durante el día y en su cuarto oscuro pasa el tiempo acostada como flor, despertando durante la noche para saludar a la Luna nocturna, Luna de su ilusión. Es fugaz como una estrella, casi como si estuviera a punto de desaparecer, pues en sus ojos se le ve tierna, y aunque infantil parece ser, imagina más de lo que puede ver.

Es una niña tímida y se le mira con pocas personas. Ella sólo quiere hacer amigas y que no la lastimen, pues siempre la abandonan. Ella no suele hablar mucho, siempre se muestra melancólica y usa su voz como camino, abriendo paso a lo desconocido.

En su corazón guarda una canción que es para ella, la tararea todo el tiempo, pues en ella se esconde un amor especial que le recuerda que, si está sola, puede estar tranquila ya que la música es su mejor talento.

Sanya en silencio lucha, pues quiere proteger al mundo con sus manos, romper las barreras, y luchar con el enemigo para que la gente recuerde que el amor sigue siendo humano. Con sus pequeños 14 años quiere lograr un gran cambio. Así es esta dulce niña, pequeña en muchos sentidos, pero una heroína para el Imperio de Orussian, su patria que protege con cariño.

Vuela alto, mi dulce Sanya; vuela entonando tu canción. Así nos recuerdas que aunque las cosas no estén bien o se pierda la ilusión, siempre estarás ahí en la noche plutónica, alegrándonos el corazón con el sonido de tu tierna voz.

En el nombre de la locura

Perdido en un mar de sueños
me encuentro inmerso en mi mente
aquellas imágenes pasajeras
de recuerdos imborrables.

¿Qué será aquello que me invita a imaginar
cosas que no existen? ¿Sonidos o ilusiones?
¿Qué me quieren decir?
¿Qué es lo que quieren que vea?

¿Será que por fin he perdido toda razón
de mi existencia?
¿Que he terminado por comprender que
ya no estoy aquí?
Mi cuerpo pide a gritos que regrese a la
realidad verdadera,
pero no puedo evitar el sólo pensar en mi
subjetividad incierta.

En el nombre de la locura pido un favor:
regresar al mundo y vivirlo,
ya que en el mío me pierdo en momentos;
no siento, no vivo, no pienso, sólo sueños.

Si en partes recupero la conciencia,
mala será mi respuesta.

Los veo pasar con sus miradas fuertes
y no me siento a gusto.
Sé que ya no pertenezco a este lugar,
con esta gente, en este mundo.

¿Pero qué hago para tener por momentos
una observación de mí mismo, para volver
a la realidad? No lo sé.
Me pierdo en pastillas, drogas
que me quitan mi sensibilidad.
Dicen que son para mí control, pero yo siento que
no; que eso es una forma de decirle al mundo:
"Tranquilo, sí se puede mantener vivo".

Me duermo y despierto en un lugar extraño.
Curioso parentesco a una cárcel, aunque no lo sea.
Sin embargo, me siento encerrado de igual
manera, entre cuatro paredes. Es un hospital
para gente como yo, pero aun así no
soy igual que ellos.

Nos mantienen en control y aislamiento
personas en bata blanca;
se hacen llamar doctores cuando no tienen
el tacto de cumplir su juramento hipocrático.
Otros, con completo traje blanco,
que se pueden confundir con ángeles,
se trasforman en demonios al vernos.
Se burlan y a la vez nos sirven a nosotros los locos.

Después de un tiempo me pregunto:
¿Qué soy ahora? ¿Una persona,
un ser, un extraño, un loco?
Ser entonces clasificado como
alguien que vive en fantasías,
en sueños bellos y aterradores
de mi propia agonía

Me despido de este mundo y observo el
vacío delante porque no tengo alternativa,
porque nunca pude seguir adelante.
En el nombre de la locura hago un llamado
a los desconocidos, que en momentos fueron
mis amigos y entendieron por lo que pasaba;
gente que se perdía en sus pensamientos y
a la vez se conectaban con otra realidad pasada.

Aquellos que son locos pasan su vida soñando,
esperando que aquellas imágenes irreales los
hagan volver a la realidad.

Sin más qué pedir a la sociedad injusta, tal vez no
seamos normales, sólo somos distintos mentales
viviendo en otros mundos, en otras fantasías, en
otras realidades. Y aunque sea por un momento,
entiéndannos a nosotros los enfermos en el
nombre de la locura.

Ansiedad

Desperté. Aún no sé por qué. No puedo creer que después de todo siga con vida. ¿Qué es lo que me mantiene aferrado a este mundo? Al abrir mis ojos me encuentro en el mismo cuarto de siempre. En momentos siento la aflicción que llena ese espacio en mi mente, la congoja de extrañar cómo era y el temor opresivo que sin razón alguna causa en mí una sensación abdominal. Me duele, sufro, tengo nauseas todo el tiempo, me siento intranquilo, quiero gritar, pero a la vez no puedo. Respiro agitado, mi corazón late fuera de la caja de mis adentros, lo noto pegado a mis costillas, explota. ¿Cómo controlarlo?

Tengo que escapar, tengo que salir, quiero libertad. Mis manos están amarradas a una cama metálica y sudo; ese líquido salino que sale de mi piel no es más que el resultado de mi extrema desesperación. No dejo de temblar. Mi alma quiere salir de su cárcel carnal, pero no la dejo y siento que cambio y que estoy y no, que soy y no; cambio por nada y por todo.

Una sacudida estremece mi cuerpo que no deja de temblar, una gota de hielo pasa por mi espalda. Ya no soporto, grito desesperado, quiero salir, no puedo tener el control de mi ser, no sé ni quien soy en realidad. Todo el tiempo es lo mismo: no puedo hablar. De mi boca sale un alarido exasperado, me enojo, me quiebro, como lobo hambriento por no poder saciar su necesidad de alimento. Mis músculos se tensionan, mi voluntad es mayor que mi fuerza, pero sigo atado a una cama de metal.

Dormir, ¿qué es eso? Ya no existe para mí ese lugar de ilusiones porque mi cuerpo quiere mantenerse despierto para intentar calmar esta ansiedad. No veo a nadie, sólo a una pared blanca en el techo de mi cuarto. Quiero cortarme, quiero sangrar, quiero sentir, tengo ansiedad. No soy un muñeco que zozobra su ser y que inquieto quiere jugar con su esencia; soy la neurosis en sí, que ataca los pensamientos y quiere eliminar todo el sosiego, toda tranquilidad.

"¿Quieren calmarme? Nadie puede, inténtenlo", fue lo que le dije a las personas que intentan detenerme en mi prematuro encuentro con la muerte. Siento las manos de unos monstruos que me pegan al colchón de mi cama: me gritan y el piquete de la aguja que teje en mi agua con sabor a morfina sólo hace que le prolongue menos mi camino al cuarto de magia con chispas. En ese lugar me unen a un casco de batalla, por el cual pasan chispas de colores que no puedo ver y recorren todo mi cuerpo. Me siento débil, me caigo, pierdo el sentido, me desmayo y, por fin, duermo.

Pero despierto, aunque quisiera seguir durmiendo, en el mismo cuarto, con las mismas vendas y en esa fría, maldita y bendita cama de metal. Quisiera dormir y nunca despertar para ya no sentir más esta ansiedad que me aniquila; cerrar mis ojos y viajar a la Tierra sin un final, sólo yo, libre, sin camas, sin ansiedad.

Manché de rojo

Manchado de rojo me encuentro en la habitación que un día fue nuestra, donde realizamos el acto de amor más puro y excitante, donde rasgamos las sábanas de seda y con tus gritos tapábamos los sonidos de nuestros cuerpos en una conexión indiferente. No sabíamos quién era quién, pues nuestros seres se fundían donde el alfiler atraviesa suave las alas de la mariposa. Y sólo el sudor que recorría tu figura, cual elixir legendario, bebía para darme vida y juventud.

Sí, aún recuerdo esas caricias de tu cuerpo junto al mío, divina musa, con tu baile erótico, el tango lento del vaivén de tus caderas postradas sobre mi enérgica materia. Tus noches eran mías, tus sueños, tus más profundos y ardientes deseos, la conexión con tu mente y tu esencia.

Y de nuevo me veo manchando de rojo, ese rojo de la sangre que se derrama cálida por tu escultural belleza, que gota a gota cae al suelo frío de mármol, que fue resultado de mis celos con locura por pensar que otro hombre te tenía, te besaba, que aprovechaba de mi ingenuidad para penetrar en el aula de nuestra intimidad y tomaba el buque de tu piel y las puertas de mi cielo.

Con esa misma sangre que recorre la daga con la que te quité la vida, que atravesó tu cuello, que llegué a idolatrar millones de veces, tú me mirabas ahora inerte, inanimada, con una sonrisa en la máscara de tu rostro. Yo, pasmado enfrente de ti, de rodillas, suplicándote como un niño, pidiendo tu perdón y esperando mi castigo eterno y que el demonio nocturno venga a acobijarme.

5

Oscuridad

Cuando la luz se pierde

Despertar

A las sombras reclamo
el momento de oscuridad.
Mi voz se ha apagado,
ya no puedo hablar.

Me encuentro encerrado
en una lúgubre prisión.
Dicen que son ideas mías,
que sólo es mi imaginación.

Pero la noche me acobija,
siento su frío temor.
Me he quedado solo,
sin conseguir algún amor.

A lo lejos encuentro un pasillo largo;
voy con trágico andar.
Mis pies son vestigios,
huellas a borrar.

No sé si duermo o vivo;
del tiempo ya no sé más.
Se perdió el único anhelo,
mi locura se convirtió en mi verdad.

No puedo salir de este mundo,
quedo atrapado en los sueños.

Pesadillas de recuerdos,
sombras al caminar.

¿Qué tal si todo son quimeras
y que yo no me quisiera avivar,
calmar a mi mente enferma
y con la vida poder continuar?

En este lugar de tinieblas
no queda más que rezar,
pues quiero salir de esta locura
y a la realidad poder despertar.

Eterno deseo

Del recuerdo vivo de tu esencia.
Camino plácido en la penumbra.
La luz de eterno resplandor me sega,
albor de una mirada tranquila, insoluta.

Paso las páginas de nuestro libro,
cada hoja mancho de lágrimas frías
que caen al final del delirio,
como el barco que se hunde a la deriva.

Con una copa del embriagante néctar,
que inunda mi sistema y me deja tranquilo,
cierro los ojos y encuentro tu rostro;
me castigo por seguir en este idilio.

Sin poder aceptar la realidad inerte,
las horas del tiempo se marcan infinitas.
La soledad me come, me tiene sin salida,
y yo con el deseo ingenuo de querer verte.

Aún recuerdo lo dulce de tus besos,
esa sonrisa de cada mañana
que me daba fuerzas y me exaltaba.
Pero ahora me conformo con ver tu
figura en la ventana.

Toque de la trágica muerte
que me arrebata la vida con ella,
arrancando mi eterno deseo
y apagando tu suave silueta.

Quiero pensar que te perdí en un sueño,
donde mi pena cubre tu encanto.
El lugar donde refugio mis lamentos
y creo poder ser dueño de tu canto.

Por fin despierto de la agonía.
Tu roce siento en el viento.
Prefiero vivir en fantasía
que en este mundo sin tu aliento.

Me siento a esperar

El pasar de las horas,
el reloj y su tic-tac.
Los sonidos del silencio,
el fúnebre pensar.

Esperar se convierte en algo eterno
y las horas lo alargan más.
Quiero sentirme cansado,
quiero esperar mi final.

El calor de la chimenea
intenta relajar mi corazón
viejo por las penas;
su fortaleza me dejó.

Observo el reloj de la pared,
que refleja mi rostro fatal.
Una lágrima por cada minuto,
un segundo para suspirar.

La historia de mi vida
se convirtió en cenizas nada más.
El soplo del viento
recoge los deseos del polvo al pasar.

Cuento los días y años.
Me siento a esperar

que la muerte llegue temprano por su encargo

y yo ya no sea una carga en su andar.

Quiero dejar este cuarto,

saltar al abismo invernal.

Que el frío de la nieve

me cubra con su suave telar.

Sólo quiero que pase el tiempo,

quiero terminar de imaginar;

cerrar los ojos eternos

y a la muerte poderme entregar.

Mente en agonía

Paso el tiempo pensado,
creando sólo desilusiones.
¿Por qué será que en mi mente
existan tantas confusiones?

Porque lo que siento se mezcla con lo que pienso.
¿Seguirá siendo amor lo que estoy sintiendo?
O es sólo una emoción más, sin claridad,
sin entendimiento.

¿Por qué lo recuerdos atormentan
mi mente aturdida?
¿Por qué el tiempo osa en abrirme
de nuevo la herida?
¿Por qué se crea en el viento una
suavidad pasajera?
¿Por qué mi cuerpo no puede creer
que mi alma se fuera?

Sentir, ¿qué debo sentir?
¿Llanto en mis venas que corren
en un torrente sin fin
o felicidad ajena por saber que al
terminar con mi vida estará bien al fin?

Sólo tengo confusiones, no sé si seguir
con lentitud o con certeza.

Poder con esta tristeza; soportar mi naturaleza

¿Qué cae en mí como un laberinto sin salida?
¿Es acaso mi mente una prisión, una
celda sucia e impía?

Tallada mi suerte en una orilla,
representada por pantomima,
con un silencio callo mi herida,
sin hablar más de mi agonía.

Cortar mis venas es mi salida,
morir es mi evasiva.
Realidad o no, mi fantasía,
la oscuridad inmensa me acobija.

Sólo le pido a esta mente confundida
que encuentre la tranquilidad que añoro,
aquella felicidad que imploro;
que haga terminar esta melancolía.

Cenizas

El viento sacude con su paso el alba,
la luz del Sol en un rayo simple.
El polvo se eleva como inerte masa,
levantando restos del ser que decidió ser libre.

Aquel astro de eterno resplandor
se convierte en la llama del que da fortaleza,
quemando todo a su alrededor,
donde puede presumir su grandeza.

Esas partículas que quedan
son resultado de una decepción,
pues fue destruyendo poco a poco
donde antes había un corazón.

Que amó tanto al caparazón de la mariposa,
descubriendo pedazos en trozos,
de los que algún día la soñarán hermosa.
Ahora ya no puede ver más su rostro.

Se entregaron las ilusiones en destellos,
cayeron como cenizas en la Tierra,
pues se derritió aquella silueta
y se convirtió en algo más que una larga espera.

Ahora sólo quedan piedras,
dureza en agonía.

La oscuridad se ha comido
a la luz de su abadía.

Y en darse cuenta de la imagen,
del fuego que lo consume todo,
fue así el tiempo de su parte;
realizaron el acto al desaparecerlo solo.

Del fuego surge la esencia,
como el ave fénix que vuela a la vida
e inmortaliza el sentimiento
que termina siendo infinito.

Entre las tinieblas

Cómo quisiera dormir
y nunca despertar;
ver eternamente el cielo
y no esta dura realidad.

Sólo poder estar;
un lugar en la ilusión,
donde no me lastimen,
y no pueda sentir dolor.

Quisiera poder soportar
esta inhumana compasión.
Me gustaría no ser nada,
borrarme en la imaginación.

Cada lágrima, una agonía;
cada suspiro, una palpitación.
Un corazón que ha sufrido
por rogarle tanto al amor.

Palabras sin un sentido,
su significado ya se perdió
en oídos sordos,
donde no llega la razón.

Aún no sé por qué sigo vivo
ni qué me mantiene en la Tierra.

No sé cuál es mi destino
o si quiero permanecer en ella.

La oscuridad me acobija,
ya no veo otro color.
El miedo me acaricia.
¿Es que uno puede perder el valor?

Ya no puedo ver la luz;
ni si quiera puedo soñar.
Que termine esta vida
para ya no sufrir más.

Dulces sueños

Al caer la noche, en su triste abadía,
lo cubre todo con su negro manto.
Cae la lluvia como lagrimas vacías
y el repiqueteo se convierte en su sutil canto.

El viento abruma con terrible fuerza,
los árboles ya sin hojas se mueven en
tiempos lentos,
como escenario de una pesadilla que aterra
con un frío que hiela hasta los huesos.

Maúlla un gato a lo lejos;
chilla perdido en la penumbra.
Como sombra pasa entre candilejos
de un callejón donde desaparece a
la luz de la Luna.

Caminaba por las calles de noche.
Me dirigía a un lugar santo,
aunque tenía miedo y mi valor se derroche,
el aire me animaba a seguir andando.

Llegué a un sitio de descanso eterno,
camposanto de una lúgubre prisión,
el cementerio era sitiado en serio
por personas inanimadas, sin corazón.

Al ver a esos seres me preguntaba por qué
no descansaban.
¿Dónde habían quedado esos dulces sueños?
¿Será que tanta pena los había agobiado?
¿Qué les impide llegar a su sueño eterno?

Se acercan a mi presencia y me cubren todo;
tengo miedo de que me lastimen y volverme
uno de ellos.
Veo mi nombre en una piedra en trozos
y me conducen a un lugar de tierra en velos.

Me lanzo al vacío de lo que parecer ser mi espacio,
mi lugar de descanso eterno.
Despierto en la noche cubriéndome en mis brazos
al darme cuenta de que todo fue un mal sueño.

Inocente

Aun en el silencio se aprecia
el sonido de la oscuridad.
Llanto y sufrimiento se alejan,
deseando fueran sueños y no realidad.

La locura se apodera de ella,
no cree que pueda escapar.
El canto del cuervo la atormenta
y siente que se acerca su final.

El frío de la noche la congela,
no puede protegerse del mal.
El viento traspasa su barrera
y pasa el tiempo en suspirar.

Tirada en la calle se encuentra
la inocente niña que fue lastimada
por un ser grotesco que pudo violarla,
robando su pureza soñada.

La nena escucha el sonido de sirenas,
la recogen ángeles que cuidan de ella,
llevándola a una cama para confortarla
y que pueda descansar su alma lastimada.

Los hombres de blanco la revisan,
se puede ver en sus ojos la pérdida de esperanza.

Observan el daño que le han realizado
y dentro de poco sabrán cómo su vida se acaba.

No ven anhelo alguno,
pues su líquido rojo se ha derramado.
Apagada la luz de su esencia, se disuelve
cual humo
en el respaldo de los brazos de un ser amado.

Se escapa la vida de esa niña,
ya no puede sentir más sufrimiento.
El dolor se retiró y también sus deseos;
aun siendo pequeña es inocente en sus sueños.

Nublado

Caminando por calles vacías
con el rostro bajo tranquilo,
tratando de cubrir mi camino
de las gotas frías que me erizan.

Observo el cielo nublado:
las sombras grises lo cubren todo.
En el suelo duro un ritmo sonoro
se escucha al caer el cristal helado.

Rozo con mis dedos el agua,
me llena de sutil armonía.
Corriendo por mis manos vacías
aquel líquido que me lava.

A la tristeza me remite el clima,
pues en ella se expresa lo eterno,
que transmite la emoción del cielo en tormentos,
queriendo sentir rayos que la animan.

Marcando las pautas del tiempo
se disuelve el sonido en cada gota.
Las manecillas que pasan cada hora
del lento andar, paso a paso, sin detenerlo.

Las nubes que cargan con ángeles sin aliento
se arrepienten de ver a la humanidad.

La melodía los llena de humildad,
soltando las lágrimas de sutil sufrimiento.

Así se queda mi mente,
vagando en perdidos pensamientos.
Expreso en el agua mis sentimientos
en un día nublado en silencio.

Ocaso

Oscuridad plena llena este desencanto,
lugar que encierra un trágico final.
El Sol se esconde en su alegre paso
y la Luna presume su alegre suspirar.

La luz se encubre y sólo deja ver destellos,
pequeñas sombras salen a jugar.
Al darse que cuenta de que llega su reinado,
donde sólo las calles son testigos de su danzar.

Opuesta situación al día;
es el momento de que brille la soledad.
La melancolía se convierte en la estima
de las personas tristes que recuerdan la verdad.

Recorrido del tiempo en su infinito andar,
el pasar de las horas es un vestigio más.
Qué día se acaba sin más demora
y presenta la noche como dueña y señora.

Lúgubre sendero de un camino sin salida,
del correr de la mente en limitarse a la escena,
de que la soledad inmensa es su única compañera,
pues en este lugar simplemente la luz no
se expresa.

Raptor de almas

(Homenaje a la Muerte)

Acción de hurtar es lo que define
al camino subterráneo de donde
extraigo la esencia.
Tomar con ánimo de lucro las cosas prohibidas,
ajenas contra la voluntad de su dueño
se me presentan.

Sin que quite del cuerpo su alma febril
para sorprender al ser en el momento mismo,
donde mi acto se convierte en lo quisiera
ocultar, en algo vil.
Y al no estar orgulloso de robar,
es el tiempo que necesito para poder respirar.

Además de la luz de la noche que me acobija,
es la única que oscurece el deseo,
Cuando entro al cuarto, mi víctima no se queja.
Sabe que es mi trabajo
quitar la última palabra, despojar
del último aliento.
Cubierto con los sueños del dolor
al pasar por el tiempo que es infinito,
y me temen porque quito a mi gusto.
Despejo de la luz a los que están perdidos.

Y aprovecho para saquear mentes, pues
son mi camino,
y a la soledad, que es la fuente que arrebata mi ser,
siendo el raptor de las almas perdidas,
maestro absoluto de la oscuridad al nacer.
Y dejando a mi paso,
termino siendo aquel espectro negro
que llega al hombre cuando su tiempo
se ha terminado.
Y extirpo de su cuerpo la vida,
su ardiente lamento,
su corazón en sombras que he consumado.

Ave negra

Un cuarto sin luz es mi cuadro del diario vivir;
es la pávida imagen de la expresión de mi esencia.
El tormento, pan de cada día, es oscuridad
que me aterra.
No quiero pensar en qué tan dura
será mi sentencia.

Paso las horas recorriendo los pasajes
de mi mente,
una cama que es mi lugar de luto.
Encima de ella el retrato de la muerte,
que me observa inmóvil,
esperando que esté bajo su yugo.

Escucho en el viento canciones de lamentos.
Las sombras de los árboles son
entes despreciables.
Los ecos de la noche son arrullos en mi almohada,
Suplicios de sonidos retumban
en mi oído sangrante.

De pronto un ave negra llega a mi ventana;
grita en un graznido que yo entiendo como:
"Ya no va a haber un mañana".
El corvus corax representa al mensajero
del cuervo de Poe que me atormenta.

No sé cómo entró en mi habitación.
Y pasó volando, presumiendo su
color negro azabache.
Será el ángel que me arropa,
el del demonio bruno que me alcance.

Es el fantasma de las almas condenadas
que ve en mí, su presa o su encargo.
El mensajero de la muerte que me llama
a seguirlo a su mundo que me tiene confinado.

Cierro los ojos en el ensueño,
camino por las sendas del abismo.
Quisiera regresar por momentos a mi estancia
y contemplar las sombras de los árboles caídos.

Pero el cuervo me conduce, me lleva en sus garras.
Dolor de nuevo, calor incierto,
Ilusas apariciones,
perturbadoras de mis adentros.

Despierto sin saber si es realidad o fantasía,
si sólo deliraba con imágenes sombrías.
Del cuervo, mi cuarto, de la cama,
sin saber que era una llamada de la muerte
que me acobija.

Vampiro

Soy alma perdida que vaga en el
mundo de la tristeza.
Escondo la maldad en una sonrisa.
La mueca creciente de una persona siniestra;
por fuera maestro de la belleza ausente,
por dentro un corazón frío que ya no late.
Imagino que soy un amante
cuando en realidad mi pasión es tu sangre.
Cuando me miro en el espejo
no puedo ver una imagen,
ya que ellos no mienten,
En realidad no pueden mostrar a la
bestia que llevo dentro,
escondida en mi salvaje anhelo por tu cuerpo,
intentado sobrevivir de pasiones pasajeras,
hechizando miradas perdidas,
seduciendo con mi habla.
Deleitar ese rojo manantial en las venas,
ese torrente de vida que me llama.
Introducir mis dientes tan filosos,
cortando, cual cera,
en el cuello frágil de una víctima cualquiera.
Beso cálido la piel de la inocencia
del ente perdido que se deja llevar
por mi juego vil,

bailando suave en el cielo nocturno,

volando en nubes blancas manchadas de gris.

La luz del Sol, mi tormento final;

rayos de dolor en cada suspirar del viento.

Me queman con el dolor de la pureza.

Mi frío cuerpo, muerto, infame,

no quiere el calor del dios quemante.

Duermo en criptas, cajones del ultraje.

No paso a la muerte porque vivo

en un estado ausente;

formo parte de la inmortalidad indeseada.

La noche se convierte en mi aliada;

oscuridad inmensa que cubre mi pasar,

atormentando almas y mostrando mi grandeza.

Sediento del brebaje cálido

que me maldice y a la vez me invita

a seguir matando,

a seguir pensando irremediable.

No te tengo un final

y seguiré como espectro infinito.

Sólo el tiempo decide cuándo terminar.

6

Al amor

La simple expresión de un sentimiento complejo

Admirador anónimo

Me encuentro con el frío de tu ser,
pues no me atrevo a tomar palabra.
De lejos paso el tiempo en ver
y esperar a que me roces con tu mirada.

Te observo tranquila, pensadora,
tus ojos se reflejan con el cielo.
El viento recorre tu pelo, soñadora,
y yo con el deseo vivo en tus anhelos.

En momentos tu sonrisa se muestra,
y pasivo contemplo tu alegría.
Tal vez lo sencillo de las cosas que veas
se convierte en ser parte de mis fantasías.

Quiero que sepas que te admiro,
que paso a ser un ilusionista,
pues en mi mente creo mundos donde me animo
a contemplar tu belleza infinita.

Al mirarte traviesa me aliento,
ya no soy el admirador anónimo.
Prefiero estar contigo
para abrir mi corazón atónito.

Una oportunidad para hablarte,
decirte palabras al oído.

Con el sonido de tu voz tentaré
cada una con un toque de cariño.

Quiero quitarte tu silencio,
acercarme a tus sentidos,
sentir tu respiración en momentos,
descubrir, con tu voz, notas en mis oídos.

Termino por inspirarme,
mi dulce muñeca de cristal.
Y espero tener un tiempo para hablarte
y crear un sueño inmortal.

Confesiones de un amigo

Hoy pensaste que podía ser tu amigo,
pero no creíste que para mí sería difícil afrontarlo.
Cada vez que te miraba tenía que estar callado,
no soportaba verte y silenciar mi desencanto.

¿Cómo mentirle al corazón?
¿Cómo poder estar de acuerdo con la razón?
Quisiera sentir tu mano tibia, pero no puedo.
Tengo que afrontar la realidad aunque
no quiera verla.

Me gustaría decirte que todo va a salir bien
y ser siempre tu hombro para llorar.
Pero no lo puedo evitar,
no dejo de pensar en ti nada más.

Compañero fiel de grandes batallas,
ahora ya no tiene sentido para mí.
Saber que tú siempre me ganabas
y yo no puedo dejar de sentir.

Cada vez que me pedías un consejo
siempre me preguntabas cómo amar.
Sería tu maestro en ese arte
si sólo me dejaras hablar.

Si alguien juega con tus sentimientos,
coraje y dolor ajeno es lo que siento.
Al darme la llave de tu corazón
sería el guardián de tus secretos.

Tal vez sólo pueda ser tu amigo
y debo comportarme como tal.
Eliminar cada roce de tu pelo
y cada lágrima tuya querer guardar.

Seré el vigilante de tus alegrías,
custodio de mil fantasías.
Y en mi corazón tatuado está
que nunca te dejaré de amar.

Amándote en secreto

Me encuentro perdido en la penumbra
del miedo vil que me condena.
Es mi prisión aquella barrera
que me detiene de amarte con locura.

Pues no puedo morir con esta pena,
quiero vivir sin escuchar los truenos
de las tormentas.
Aquellas que no me dejan estar contigo,
y tengo que vivir engañado en desdicha plena.

Te amo en lo oscuro, en lo secreto,
no conozco otra manera en la que pueda hacerlo.
No puedo estar contigo y sólo
te contemplo a lo lejos,
pues cuando nos unimos no puede
existir un lazo eterno.

La realidad es una vieja compañera,
pues no queremos verla tan airosa;
queremos perdernos en nuestro amor eterno
y que para nosotros sólo exista nuestro
amor y su grandeza.

Nos separan las miradas a los lejos,
una barrera nos cubre con realeza.

Y lo que eran roces de piel insoluta
ahora pasan a ser brisas pasajeras.
Aun así lucho por tenerte
y olvidar esta realidad que me atormenta,
pues no me pueden dejar amarte
y ser ferviente admirador de tu belleza.

Sólo la realidad es lo único que nos separa,
pues no podemos ser aceptados por
aquella sociedad impía.
Aquella que puede dictar lo que es justo,
pero no dicta lo que mi corazón anhela.

Tengo miedo de perderte,
de que la sociedad elimine nuestro lazo,
pues es aquella unión lo que nos ha separado,
y, a la vez, nos da fuerzas de seguirlo intentando.

En la mañana quiero besarte,
en la noche dormir a tu lado,
pues al no verte, mi suerte me ha condenado.
Y te pido que estés en mis sueños para
ahí por siempre poder amarnos.

Con sabor a chocolate

Mmm… Aún me deleito con ese sabor de tu boca, dulce, aunque en ocasiones amarga. Así también es tu persona y te comparo con el néctar del cacao y el producto de su suave sabor.

¿Para qué quiero que seas del todo dulce si me empalagas, del todo amarga, y terminar yo amargado? Así puedo, entonces, disfrutar esos dos sabores en mi boca, receptora de mil degustaciones.

Sí, tienes una boca con sabor a chocolate. Así también es el color de tu piel, negro de ébano, y desprendes ápices de ilusiones a aquel que te admira iluso por querer arrancar tu velo de placer.

¿Cómo no poder respirar ese aroma que se confunde con la vainilla, creando en el olfato sensaciones únicas a quien te toma y que emocionan al hombre en tu figura tan sencilla?

Lentamente recorro con mis manos tu vientre, como un tierno gato que lame tu cuerpo lleno de chispas de colores y llegando así a esos éxtasis de expresiones, dejando en mi lengua azúcar de ilusiones.

En tus ojos veo dos semillas de algarrobo, y dentro de ese asombro, un mágico gusto que desprende el brillo de mi destino, que me enloquece como a un niño que en su mundo se enternece.

Y lo vuelvo a decir: tienes una boca con sabor a chocolate, pues con ella me llevas a mundos y paisajes donde todo lo que veo, es misterioso, es del color café de mis anhelos, que me cubre por completo.

Quiero terminar mi dulce fantasía comiendo un chocolate blanco, imaginándote tu tierno encanto, combinable con mi alegría.

Cristal

Toco el agua tibia del manantial,
pureza transparente única en melodía.
Suave caída al vacío eterno,
salpicando gotas en bella armonía.

Siento el frío viento que me llena,
caricia del aire al pasar,
dejando en mí, sensaciones plenas,
llevándome a lugares en un suspirar.

Ahí es donde veo tu reflejo,
tu rostro tallado en cristal.
Que dura plácida, sin queja,
la sonrisa, tu expresión final.

Imagino que me miras ajena;
la pintura en el espejo se borra.
Mi cuerpo impotente queda
por no sentir tu cuerpo de rosas.

Tan suave y a la vez tan dulce,
no quiero romper tu pureza.
Tu mirada tierna en belleza;
lo bondadosa que fue la naturaleza.

Tienes la fortaleza de un diamante,
y en tus ojos la luz de la esmeralda.

Tu paso es firme y constante,
donde se puede tocar la esperanza.

Al ver la luz de la Luna te encuentro;
el brillo en su total hermosura.
El sonido de la noche en sonetos,
siluetas de fugaces figuras.

Termina siendo mi deseo final
el poder proyectar mi alegría
en pequeñas palabras de cristal,
queriendo expresar mí arte en sinfonía.

Déjame

Déjame acariciar tu piel y sentirla suavemente.
Déjame oler tu aroma tan inconfundible,
cual perfume de rosas.
Déjame observar tus ojos que me dicen todo de ti.
Déjame besarte tan apasionadamente que
pueda sentir tu aliento.

Déjame enamorarme de ti y perderme
en tus encantos,
que fueron los que me llevaron ti.
Déjame por sólo un momento ver tu rostro
y confundirlo con la belleza de un hada.
Déjame platicar contigo y decirte poemas
románticos al oído.
Déjame que te explique lo que siento por
ti y cómo caí en tu regazo,
que por momentos creo que no puedo olvidarte,
y no creo poder despertar de esta realidad
que parece sueño.
Déjame estar a tu lado y abrasarte con tal
fuerza que no quiera soltarte nunca,
cálidamente para demostrarte ternura y
fuertemente para mostrarte fortaleza.
Déjame llorar de felicidad porque nunca
creí que pudiera ser feliz de nuevo,
por sentir lo que nunca había sentido antes,
ese calor que me llena.

Déjame besarte de nuevo y saborear
aquellos labios que me cautivan.
Déjame darte mi corazón para lo
que guardes y lo protejas.
Déjame decirte que no basta mucho tiempo
para saber lo que sientes por alguien.
Déjame decirte que te amo con
sólo pocas palabras.

Déjame decirte tantas cosas
y que por momentos me calle,
pues también debes dejarme en silencio
Para escuchar tu dulce y melodiosa voz.

Que sólo sirva este escrito para decirte
lo que no puedo.
Que sirva para poder expresarte lo que siento,
para que me permitas amarte, estar a tu lado,
y despertar cada día con una razón para estar feliz.
Deja que te imagine en las noches y ver
tu reflejo en la Luna.
Y, por último, déjame vivir enamorado
de ti, sin razón alguna.
Deja que termine con este poema y
que empiece con una canción.
Deja que te diga lo que siento desde lo más
profundo de mi corazón.

Desconocida inspiración

Escribo esta poesía
para expresar lo que siento.
La he visto sólo una vez
y para mí ha sido un instante eterno.

Ella es como una musa,
no me da más que inspiración.
Aunque en realidad no la conozco,
sé que tiene un puro corazón.

Su mirada me deja intrigado,
sus palabras, secretos guardan.
Su sonrisa me ha conquistado,
por sus labios que me hablan.

Realmente no sé de ella;
lo que sé, son recuerdos de mi imaginación.
Simplemente me gustaría que supiera
lo que cayó en una sincera pasión.

Y aunque es desconocida,
me gustaría saber más allá.
Porque me dejó confundido
y quisiera con ella poder soñar.

Aunque sean sólo palabras
pasmadas en una servilleta,

sé que por ese momento
la vi sin que ella me viera.

Me dijo que escuchara el viento,
susurros de su canción;
inspirada en los elementos,
la naturaleza de mi ilusión.

Con sólo estas palabras
le pido una oportunidad
para poderla conocer
y con ella fantasear.

Deseos de mis sentimientos

Encuentro miradas vacías
cuando busco lo que no encuentro.
Cuando sólo quiero explicarte,
perderme en lo que siento.

Cuando la veo y no puedo
concentrarme y me pierdo
en sus ojos soñadores,
en su mente, por momentos.

En su sonrisa cautivante,
en su alegría agradable,
en su rostro fascinante,
en sus labios deleitables.

Y seguir imaginando,
pensar lo que me está pasando.
Lo que sueño y lo que pienso
en un futuro no incierto.
Y perderme en el tiempo,
en lo que vivo y siento.

Expreso en este papel
palabras en el viento;
que lleguen a tu ser,
eso es lo que yo quiero.

Estos son mis deseos,

lo que digo de mis sentimientos.

Quiero que entiendas lo que siento:

mi amor por ti es eterno.

Ilusiones

¿Qué es aquello que me ilusiona,
al escuchar tu bella voz?
¿Qué es aquello que me apasiona
al sentir mi corazón?

Romántico encuentro el mío
al verte con razón.
Al sólo imaginarme
la felicidad en mi interior.

Pienso en ti todo el tiempo;
conozco tu rostro soñador.
Expresado en una sonrisa
tu mirada de calor.

Tu cabello rubio
cae por tu espalda
como cascada en invierno,
como una brisa que pasa.

Inevitable dejar de ver tus ojos
azules que en mi cielo pasan,
como dos bellas razones
por las que siento esperanza.

Solamente son ilusiones
irreales del corazón.

Simplemente vaguedades
lo que pienso a mi favor.

Déjame seguir soñando
y mentirle a la razón.
Imaginar que te estoy mirando
y perder la cabeza por pasión.

Tú no sabes nada,
yo lo guardo en mi interior.
Un secreto a voces
que calla de emoción.

Inexistente

Bajaste a mi mundo de luceros esas luciérnagas, como estrellas centellantes llegaron a cubrir mi ser por completo. Y me entregaste tus manos para sentir tu presencia; yo me preguntaba si te imaginaba o eras resultado de mi esencia.

Eras un ser mágico, inexistente, como hada que cruza un bosque encantado; me hechizaste con tus cabellos dorados y en tus ojos verdes miraba el reflejo de mi ente.

"¿Cómo puedo negar tu existencia?", me pregunto inseguro. No puedo negar algo que existe y que siempre ha existido, mi ceguera orgullosa pudo templar mis parpados caídos sin olvidar nunca el deseo de tu inocencia.

En mi mente termina siendo el recuerdo vivo de lo que fue y será, el eterno amor al calor pasional de entregarte mi vida sin un sentido más allá que el de vivir en mis sueños y no volver a la realidad.

¿Cómo es posible que te haya extrañado tanto? ¿Será que mi cuerpo se volvió sensible al tacto? ¿O es que no veía las luces que forman tu silueta? El pensamiento perdido en un azul violeta, donde nada impaciente e intranquilo mi corazón, aturdido por esperar el tiempo de volver a contemplar tu belleza.

Nadas en el mar de mis lágrimas, que caen como lluvia de cristal, pues guardo tu recuerdo en los pétalos de flor al darme cuenta de que no existes. Sólo estás en mi imaginación.

Vago, camino, transito por esta realidad inexistente que cubre mi vida con la paciencia, tratando de salir airoso como el Sol valiente, pero sólo me queda la experiencia y la virtud de tu pureza.

En mis ojos cuido tus deseos, que son oscuros como el alba y claros como el Sol; se refleja en ellos la inmensidad de tu alma, lo profundo de tu ser, y en ese instante sonrío, pues con esos mismos ojos te puedo ver.

Inmune

Me dejaste inmune.
Ya no tengo la pared de la prudencia,
pues me abriste la mente en formas muy distintas,
quitando el escudo que tapaba mi inocencia
y dejando libre mi ente al desnudarlo.

El misterio de mi ser se desvanece,
dejando a un lado la eterna duda.
Con el interés de tu traviesa curiosidad inerte,
se vierte en mí, pleno, un mapa de tesura.

Sin protección voy ahora por tu vida,
pues te atreviste a develar mi alma.
Tengo miedo de que la lastimes por no ser amada,
y que de nuevo caiga al encierro de la
cámara deshabitada.

Navego en un mar de desventuras,
un lugar que se accidenta con mi presencia.
El abismo se convierte en el agua turbia
que no deja en paz a mi percepción aguda.

Te convertiste en la confidente de mi ser completo,
sólo a ti pude entregarte el tesoro
que guardo dentro.
La pasión desbordada de mi corazón andante

dice que sea valiente al enfrentar la
fuerza de los amantes.

Ya no puedo ser tu caballero de leal armadura;
la abriste para encontrar mi verdad hecha pureza.
Entraste a mi ser con tal sutileza
que no me di cuenta de mi tez espuria.

Sepulto, en lo profundo del deseo,
lo escultural de tu hermosura;
sin divisiones, sin tapujos,
encontrado en la visión de tu figura.

Y al final me dejas como al principio: inmune...
No puedo enfrentarme a tu delicadeza.
Quiero que seas la que me dé la fortaleza
para no ocultarme más en el miedo
que a mi ser sature.

Mujer misteriosa

En tus ojos se esconde
el misterio de tu vida;
esas niñas escondidas
que salen emotivas.

Tu sonrisa es la luz,
y con ella emanas alegría.
Despiertas la ilusión
del que ha tenido un mal día.

Tu dulzura es sinónimo
de una gran naturaleza,
pues es parte de tu belleza,
del que te admira anónimo.

Eres niña misteriosa,
pues el que quiere saber de ti
lo dejas atolondrado
en su camino a seguir.

Tu cabello rubio
refleja el Sol dorado.
Y la suavidad de tu piel
tiene un rosa encontrado.

Al soñador lo dejas pasmado,
pues no puede creer lo que ve.

No sabe si sigue soñando
o si termina en su lucidez.

Tal vez sólo eres inalcanzable.
El sonido de tu voz
me arrulla en el silencio
y se inspira en el corazón.

Termino plácidamente,
solo en una expresión,
observando tu rostro sólido,
mujer de misteriosa ilusión.

Ni con el pétalo de una rosa

Al ser puro no se le puede dañar con el dolor,
pues es quien se sostiene con
el candor de la tristeza.
La mujer de eterna fuerza que
lleva consigo el amor
es, a la vez, la que termina siendo
la inspiración misma de belleza.

Ente que naciste como fiel colega,
que con tus mil facetas encuentras los caminos,
en tu suave andar muestras tu realeza,
siempre segura de poder prestar tus oídos.

Tu naturaleza es frágil, como pétalo de rosa;
no debe ser violada esa vidriosa compañera.
Como mujer naciste, el sexo que me asombra,
pues fuiste elegida como mi amiga y consejera.

Hoy hago un llamado a la naturaleza;
tengo que felicitarla por crearme una
íntima tan sonriente.
Un ser que es más que una amiga solamente,
pues ha demostrado ser mi
hermana completamente.

Nunca será lastimada ni con el pétalo de una rosa,
esa flor jamás será utilizada como arma.

Para manchar su cuerpo puro con mesura
y que pueda seguir siendo mi amiga,
hermana e íntima alma.

Palabras de un corazón aturdido

¿Qué es lo que mi corazón calla?
¿Cómo puedo expresarlo cuando me
quedo sin palabras?
Aquel instante eterno
donde sólo podía sentir tu aliento.

Me pierdo en pensamientos vagos
de mi mente despierta,
expresándome en versos,
sintiendo en palabras.
En cada letra un solo deseo.

En susurros le pregunto al viento:
¿Qué hay que hacer para guardar este secreto?
Me detengo y no hago más.
O doy otro momento para expresar lo que siento.

Darme la oportunidad ausente
de abrir tu corazón y entrar en tu mente.
Y que no cierres la puerta de este corazón latente;
expresar lo que no puedo decir al verte.

Sonidos, cantos, lamentos,
plácida expresión de mi cuerpo.
Por decir lo que cayó a momentos,
por querer estar contigo viviendo.

Palabras de un corazón aturdido
expresadas a lo lejos,
en lugares pasajeros,
en sueños sin tormentos.

Si todo el día no puedo dejar de pensar en ti,
¿qué serían de mis noches si sólo
te veo en mis sueños?
Y aunque sepa que no eres real
en ellos y sólo vagas ilusiones,
quiero perderme en el mar de tus cabellos.

Y aunque me despierto
pensando si todo lo que sabía algún día
fuera realidad o fuera mentira,
en mi mente se quedará esa duda, esa espina.
Algún día viviré en tus lágrimas tibias.

Pensando en ti

¿Cómo dejar de pensar en ti
cuando tus ojos me miran tan profundamente,
cuando tu aroma tan dulce me hace sentir feliz,
cuando tus labios rosas me invitan a
probarlos de repente?

Pensar solamente en tu sonrisa,
mirarla nuevamente.
Déjame observar tu rostro, grabarlo en mi mente
para poder soñar contigo cuando no pueda verte.

Déjame por un momento;
abrigar tu piel que me enciende,
Que me hace temblar de emoción al tocarla
cuando aprecio lo que mi ser siente.

Pensar en tu suave voz;
escuchar a los ángeles me recuerda siempre,
al oírla tan dócil,
nota a nota, como un dulce sonetee.

Quiero poner mi mente en blanco,
pensar en ti solamente;
tenerte en mis brazos
y quererte tiernamente.

Quiero pasar el tiempo pensando,
imaginar tu sonrisa nuevamente.
Cálido deseo inspirado
en un poema firmado atentamente
por un poeta enamorado
que siente un cosquilleo al verte.

Quiero que sepas lo que siento,
lo que plasmo en este papel tenue.
Sentimientos encontrados
de mi corazón que late apasionadamente.

Quiero que el amor apague
esta agonía insolente.
Y como último deseo
poder soñar contigo eternamente.

¿Por qué?

¿Por qué no puedo dejar de pensar en ti?
¿Por qué cada vez que te miro, iluminas mi día
y cuando me sonríes me iluminas de noche?

¿Por qué eres tan hermosa?
¿Por qué no dejas de reír siempre?
¿Por qué no puedo dejar de verte?
Porque desearía tenerte

¿Por qué te conocí?
¿Por qué me enamoré de ti?
¿Por qué sueño contigo?
¿Por qué doy un suspiro?

¿Por qué tus ojos me miran tan profundo?
¿Por qué me siento tan cómodo?
¿Por qué quiero hablarte?
Porque desearía besarte.

¿Por qué por ti vivo?
¿Y por qué por ti muero?

Sólo necesito un porqué
para entender esta alegría.
Que no siendo triste agonía
me hace preguntar por qué.

Quisiera ser

¿Quién soy si no puedo ser más que yo mismo?
Desearía ser aquel espectador que te mira
a la luz del alba,
el viento que juega con tu cabello,
aquella sonrisa en tus labios grabada.

¿A qué puedo jugar contigo?
Tú eres la ladrona de mi ensueño.
Eres el ser que abrió el camino,
que me rescató de mi mundo de tormentos.

Quisiera ser para ti algo más.
Sé que puedo darte una muestra de mi corazón,
regalarte las estrellas y todo su esplendor;
mis deseos plasmados y convertidos en ilusión.

Soy aquel que velará tu mundo de fantasía,
él que sólo te hará reír por cualquier cosa
con tal de escuchar esa voz melodiosa.
Callaré por momentos por el sonido de tu alegría.

Quisiera mirarte con otros ojos que no
sean de ternura,
pero tus ojos me dicen que es real y no una locura;
que por fin encontré lo que me hacía falta,
el ente mágico que transforma mi alma pálida.

Ahora sí puedo creer en el destino,
aunque es increíble haberte conocido.

No sé si durará para siempre,
pero quiero que sepas que estaré ahí,
aunque me encuentre ausente.

Supiste apartar de mí la tristeza,
me enseñaste cosas que no creí que existieran.
Formas de tu cuerpo que me hacen creer
que eres perfecta,
y que en este mundo eres para mí
la felicidad eterna.

Quiero que sepas que eres mí
despertar en las mañanas
y la imagen antes de cerrar mis ojos por la noche.
Aquella suave brisa que entra como
luz por mi ventana,
caricias de tus manos que deseo
que mi rostro toque.

No puedo negarte que estoy enamorado,
simplemente no puedo creer que por
fin me haya pasado.
Quiero que seas la razón de mi alegría,
creadora de nuevos matices, de mil fantasías.

Te revelo el secreto que mi alma ha guardado:
te amo. Es tan simple y complicado a la vez,
que quiero amarte y vivir en el intento logrado
del que habita en tus sueños. Eso quisiera ser.

Quisiera ser ladrón

Quisiera ser ladrón de tu esencia
y disfrutar cada día con verla;
irradiarme de esa luz,
destellos de tu juventud.

Ser guardián de tu encanto,
dejar que salga de vez en cuando,
en tu cuerpo internado,
el espíritu de mi ser tatuado.

Quisiera ser raptor de tu tiempo,
cada segundo, cada momento,
y tu respiración poder sentir,
mi viento para vivir.

Puedo ser un chantajista,
y engañar a tu alma tan querida;
jugar en miradas pérdidas,
secuestrador de tu alegría.

Encarcelado en tu corazón,
preso por una exaltación.
Delincuente de una pasión prohibida,
tomando tu suerte a la deriva.

Travieso y tomador de tus cosas,
pero no lo considero un acto de maldad,

ya que en el amor todo se vale.
Soy, entonces, un bandido digno de amar.

No te asustes si me vez con máscara,
tal vez yo tenga miedo de que me veas.
Y hurtaré tus tesoros de gran valor
para reflejarlos en el rostro de un soñador.

Termino siendo cleptómano,
no me doy cuenta de lo que hago.
Pero me gustaría, por minutos,
tener la fuerza para sostener tu mano.

Secretos

Deseo confesar un secreto
que guardo en mi interior.
¿Cómo dejar de escucharte
si sólo tengo oídos para tu voz?

Intento no descubrirme;
dime qué puedo hacer yo.
No intento ocultarte nada,
simplemente no puedo callarlo bien.

Me cuesta trabajo decirte
palabras de mi inspiración.
Es un tesoro sagrado
que incita mi corazón.

Solamente quiero contarte
historias como a un niño.
Cada frase una mirada,
como palabras al oído.

Suspiro a momentos,
esperando que no te des cuenta.
Una oración, un sonido,
poesía en movimiento.

¿Cómo decírtelo?
Me embriaga tu fragancia.

La cura momentánea
de una sonrisa embozada.

En mis ojos reflejo tu cara;
no dejo de pensar en ti.
Una sensación que me agrada,
un regalo para mí.

Y aunque no lo sepas,
estoy de ti enamorado.
Y guardaré este secreto
hasta cuando esté seguro de poder sacarlo.

Solamente

Deja solamente tocarte tiernamente,
deja que pueda sentir tu terciopelo tenue;
que en un momento absorba
y pueda en el aire detenerse siempre.

No puedo seguir con esto,
no soporto verte pasar siempre.
Tengo que decirte lo que siento,
lo que mi corazón calla y no quiere saberlo.

Solamente deja que te bese,
que pueda probar tus labios de repente,
que sienta aquel sabor endulzado
que corre por mi boca locamente.

Pero sé que no puedo tenerte,
que debo pasar el tiempo ausente;
solo, sin que pueda tener tu alma
ni que se conecte conmigo siempre.

Déjame terminar estas palabras,
que son frases solamente.
No son reclamos falsos,
que es lo que mi corazón siente.

Tiempo relativo

En la espera de encontrar tu rostro,
presumo al aire el palpar de emociones
al encontrarme inmerso en altivas sensaciones,
con la dicha de ver tus rasgos deslumbrados.

Miro el reloj con asombro:
las manecillas recorren despacio a sus lugares.
Veo los minutos pasar como horas eternas
y el tiempo se convierte en el reflejo
de tu silueta que nombro.

Al fin me recompensa el cielo con tu rostro y
te veo alegre en dicha por el encuentro.
Mis brazos se convierten en una extensión
de tu cuerpo
y te sostengo fuerte en la explosión
de sentirte mía.

El viento sacude tu cabello y
me enjugas con esa larga cascada.
Tus labios se convierten en una flor delicada,
y con tu perfume me impregnas en momentos.

Por un instante me rodeas con tus manos;
las caricias juegan un papel importante,
pues se expresan simples en el
andar de los amantes,

y con el calor de tu cuerpo me
haces sentir culpable.

No nos importa lo que ocurra en el mundo,
es un instante sólo para nosotros.
Que el tiempo y su correr imparable
no destruya la pasión del uno por el otro.

En un suspiro pasaron las horas
y es necesario que nos alejemos,
aunque disfrutemos de estos momentos tan bellos.
No es justo que se termine el encanto mágico de
los corazones que lloran.

Termino con la reflexión en mi pensamiento:
el tiempo es relativo para las personas,
y aunque no permita que estemos
juntos por siempre,
nos da pausas para vivir hora por hora.

Una noche de noviembre

Un viento suave cubre mi mente
con ideas continuas de un deseo en vano,
de tenerte en mis brazos, de sentir algo
y abrazarte tan fuerte para siempre tenerte.

Disfrutar de la noche y su luz tenue,
observar la Luna y tu reflejo en ella;
quiero saber que me amas, niña bella,
y que sientes lo mismo que yo al verte.

Dime que no son sueños
de una noche de noviembre,
que no son sólo ideas mías
y del tiempo que pasa infinito siempre.

Algo pasa que no puedo entenderte:
veo imágenes tuyas borrosas.
¿Será que mi mente no concibe
la idea de no tenerte?

¿Por qué sueño contigo de día?
¿Por qué te recuerdo en las noches?
¿Será que en mis sueños te veo en fantasía
y en mis recuerdos pasas sin roce?

¿Qué será que me enamora,
que me hace, en cualquier lugar, perderme?

¿Será que mi mente sólo me ilusiona
por pasar imágenes de ti siempre?

Quiero despedir este poema
como en una noche de noviembre,
y sentir el amor de ti, vivo,
que arda en mi corazón por siempre.

Tu sonrisa en mis sueños

Tal vez creí que mis ojos eran de cristal
para poder ver a través de los tuyos
y observar tu rostro,
que se queda clavado en mi inconsciente,
y en las noches lo sueño e intento recordar.

Te veo en mis sueños como un hermoso ángel,
como una dulce hada que me invita
a creer en cuentos,
en lugares magníficos, irreales y bellos,
donde sólo pueda ver tu sonrisa en
mis sueños placenteros.

Te veo platicando conmigo
en el sillón de un café.
Yo te observo y tú no te das cuenta,
sólo miro tu silueta,
la misma que en mis sueños quiero conocer.

Quiero pensar que estoy alegre,
quiero imaginar que soy feliz,
y, aunque sea sólo en mis sueños,
verte sin un tiempo en fin.

Pienso también en la noche
que presume su hermosura.

La Luna nos ilumina,
dejando ver su belleza como ninguna.

Junto las estrellas, formando una silueta;
tu sonrisa en ellas, reflejada por brillantez.
Y tus ojos de cristal para ver tu alma pura;
recorro tu cabello y siento tu suave piel.

Aunque me despierte en un momento,
y el momento sea un espacio de tiempo corto,
lleno de segundos eternos,
quiero despertar feliz, como en un sueño ajeno.

Tal vez paso la vida soñando
y sé que no puedo esperar tanto,
porque no quiero despertar
por querer verte en mis sueños
y tu sonrisa por siempre recordar.

Palabras tiernas

He perdido el paso del tiempo.
No me di cuenta cuándo comencé a amarte.
Tal vez desde la primera sonrisa,
tal vez desde aquella tarde.

Te volviste mi luz pasajera;
aquellas miradas me decían lo que sentías.
No necesitabas decirme nada,
y yo queriendo descubrir lo que querías.

Tus manos se volvieron un cálido toque;
me cubres con ellas cuando estoy en penumbras.
Me tomas el rostro, segura,
y me dices que siempre serás la luz
que me alumbra.

Me gusta pasar el tiempo contigo,
pues cada segundo el tiempo se detiene;
nos presta un corto espacio ese ente
para que podamos creer que estaremos
juntos por siempre.

Quiero que no tengas dudas,
que sepas quién soy yo, el que te ama,
el que te dice constantes palabras con dulzura,
pues mi emoción desbordas con cada mirada.

Cariño mío, hoy te hablo,
te escribo de mil formas.
Cada palabra se conforma
de un pequeño poema donde te llamo.

Quiero agradecerte de muchas formas,
pero esta es la más bella en la que puedo hacerlo.
Son mis letras una extensión de mi alma,
del poeta enamorado que vive en tus sueños.

Ahora sabes más de mí.
Te escribo palabras tiernas en esta carta.
Así me expreso, pues así me haces sentir.
Que cada letra diga que este hombre te ama.

Tú, mi compañera de vida

Camino tranquilo a tu lado,
te contemplo en cada paso.
Deleito mi mirada con tu encanto,
y tú recuestas tu cabeza en mi brazo.

Me platicas todo lo que pasa en tu día;
me siento afortunado al estar escuchando,
pues sueles ser alguien seria y pasiva,
y no con cualquiera compartes ese canto.

Tomas mi mano fuerte,
pues sabes que te acompañaré a donde vayas;
por esta calle empedrada
o por aquel camino en las montañas.

Quiero que duermas tranquila,
que nada perturbe tus sueños;
que duermas sabiendo que estoy a tu lado
porque sabes que al día siguiente
te seguiré amando.

Quiero que seas mi compañera de vida,
la que esté conmigo en cada momento
y que me anime a seguir adelante
cuando sabes que no he tenido un buen día.

Tú eres la razón de mi alegría,
de aquella sonrisa que provocas en mi boca.
Quiero hacerte feliz para escuchar tu risa
y poder besarte de una manera loca.

Enciendes en mí esa llama,
la que por un tiempo creí que se podía apagar,
pues llegas a ver lo profundo de mi alma
y entras en ella como un suspirar.

Deseo que estés siempre conmigo,
tú, mi compañera de vida,
la que me escucha y me apoya,
la razón por la que me mi corazón late todavía.

Despiértame

Despiértame cuando tu luz ilumine mi vida,
cuando tus manos recorran sutilmente mi rostro
con aquella caricia que un ángel haría;
siéntete libre de tocarme a tu antojo.

Despiértame cuando escuche tu voz,
cuando esas notas alegren mi día.
Que en mí se muestre tu suave don
y alegres mi ser con tu melodía.

Despiértame cuando caigas dormida;
recuesta tu cara sobre mi pecho,
la imagen linda de un hada en sintonía
y que sonríe traviesa cuando en mis
brazos está tranquila.

Despiértame al roce de tus labios,
y con aquella tesura mantenme vivo.
Abre mis ojos al calor de tu encanto
para poder verte en este vacío.

Despiértame cuando peines tu cabello,
aquella larga cascada de cristal
que cae sobre tus hombros,
el tesoro eterno de un manantial.

Despiértame con aquel aroma que emanas,
perfume que en mí aviva alegría
con el recuerdo de tu esencia cada día.
Y en las noches me cubre tu eterna alma.

Despiértame con tu encanto
cuando me sonríes todos los días;
quiero que vivas una y mil fantasías
donde esté contigo y las estrellas resplandezcan.

Despiértame con la luz de la mañana,
que ésta me anuncie que llegó un nuevo día
y que se refleje en lo profundo de tu mirada,
para que me digas que estás conmigo todavía.

Déjame entrar

Déjame entrar en tu mundo de fantasía,
pues paso el tiempo en sueños,
donde te puedo ver,
admirando tu ser de rubios cabellos claros
y de una textura suave, como tu blanca tez.

El tiempo es testigo ahora de nuestro andar,
de hallarnos nuevamente en este destino,
pues al pasar los años nos volvimos a encontrar
y nuevamente permitirnos escribir una
página en nuestro libro.

Es difícil en ti dejar de pensar;
eres la dueña de mis ilusiones,
de aquellas fantasías de poderte tocar
y sentir tu piel tan llena de emociones.

No puedo negar que me enamoré de tu sonrisa,
de aquella que me hace suspirar,
pues cuando la contemplo, todo
lo demás se me olvida.
Alegras mi día aunque me haya pasado algún mal.

Te gusta asombrarte de todo,
como una niña juegas conmigo.
Se te ve divertida y siempre me intentas ganar;
yo intento que no te des cuenta de todo.

Déjame entrar en tu alma;

déjame entrar en tu ser;

quiero ser aquel que por ti sueña

y grabar los momentos en este tenue papel.

Seré aquel caballero que te defenderá

de cualquier peligro,

y podré ser quien exprese la pasión de un amante.

Me enfrentaré a cualquier azar constante

para que sepas que podrás confiar en

mí en este idilio.

Te pido ahora me des esa oportunidad,

aquella de poder expresarte quién soy, amada mía.

Dulce niña, cual muñeca de cristal,

déjame entrar en tu alma y poder decirte mía.

Te extraño

Como aquellos claveles que extrañan
el rocío de la mañana,
esperando ingenuos que se presente
la noche y los cubra con su manto.
Te extraño como aquel Sol que se
oculta tras las montañas
y que sólo puede verse de nuevo
cuando cubra todo con su encanto.

Te extraño cuando mi piel grita por la tuya,
cuando tus labios me dejaron seco
por el néctar que emanaste.
Y yo, como adicto a ellos, me pierdo
en una ansiedad constante
por no saber si algún día tendré esa
dicha de nuevo para probarte.

Te extraño cuando el frío viento toca mi cara;
prefiero mil veces que sea tu mano
la que me acaricia.
Extraño tu voz que me llama,
aquel sonido angelical que mi mente
repite en agonía.

No puedo dejar de pensar en ti,
todo el tiempo te tengo en mi cabeza.

Desearía poder sacarte de ella,
pero no puedo hacer más que tumbarme
a la melancolía sin tu presencia.

Te fuiste sin dejar en mí tu duda.
Sin demostrarme siquiera qué es lo que tú sentías.
Sé que dentro de ti estaba lo que querías.
Me maldigo por lastimar aquel corazón
que me ofrecías.

No encuentro palabras para expresar
esta pérdida de mi ilusión.
Soy aquel que sufre en silencio
por querer volver a escuchar tu voz.

Te extraño como aquel ser que necesita tu abrigo,
que necesita tu amor y tu dulzura
para que brille en la ausencia perdida;
para poder quitarme esta amargura.

Solamente te pido que me des una oportunidad
de volver a estar contigo,
pues me di cuenta de que mi mente
no puede concebir
esa idea de no tenerte aquí conmigo.

7

Pasional

Cuando el amor llega a pasar más allá
de los límites de la pasión

Joven aprendí a amar...
Y para mí fue perfecto

Él

Joven aprendí a amar, ingenuo en mi cruzada por conocer las pasiones carnales y aquel sentimiento de unión puro que no podía entender en la exaltación de los adultos. Esa misma pasión era sinónimo de tantas acciones fuera de control, arrebatos, desprecio o sólo para confundirse aún más. Me llevo esa misma juventud de explorador para querer conocer más sobre ese tan delicado y a la vez enigmático arte de amar.

El deseo se podía expresar en el encuentro de dos seres aún tímidos en su haber, o al menos así me lo podía explicar, donde cuerpos sin terminar de retoñar, y pasajes desérticos sin ser explorados, eran el perfecto culmen de mi interminable búsqueda.

La inexperiencia me llevó a creer que podía hacerlo, con tanta fuerza en mi vientre y entre mis piernas. Me dejé llevar por la seducción que deja el inhibidor sentido del néctar de uva fermentada al convertirse en vino tinto, y así pude perder mis sentidos para ir en búsqueda de un falso valor encontrado en el alcohol.

La llevé hasta una habitación de un hotel ya viejo, sin importarme el nombre del mismo o siquiera el precio del lugar, con el número 6 marcado en la puerta. Entramos al recinto y yo temblaba aún con las llaves en la mano.

Pasamos a un lugar oscuro donde sólo nos importó tendernos en aquella suave cama, como seda, y llenarla con el calor de nuestros cuerpos. Ella me miraba temblando, tímida, sin saber qué hacer. Yo, de igual forma que ella, le tomé las manos y nos fundimos en un tierno abrazo. Lentamente me miró a los ojos y después, como si fuera un sueño, los cerró para dejar que estuviera a mi merced.

Con mis manos descubrí sus hombros de aquellas tiras cortas de su vestido rojo, beso a beso. Suavemente fui cubriendo a aquella caricia, cual brisa pasajera, y me detenía en cada suspiro de sus labios rosas. Se levantó y dejó caer aquella tela que envolvía su tesura, dejándome ver sólo aquellos paños que tapaban sus secretos y mis más deseados anhelos. Al verla de esa manera quedé anonadado. Para hacerme reaccionar, ella fue desprendiendo, botón por botón, mi camisa, y sutilmente tocaba mi pecho palpitante con mi corazón atónito.

Tendidos en el piso quedaron los textiles que cubrían aquel pudor de nuestras almas, y en un último movimiento desaparecieron los rastros de paño para quedar en un lienzo donde se pintaría la eterna belleza.

Ella tierna, y con miedo aún, cubría con sus manos aquellas llanuras intactas de su cuerpo blanco. Con gentil sutileza rocé apenas, con las yemas de mis dedos, su dulce piel de terciopelo, como aquel pintor que realiza lienzos en papiro. Me acerqué a su boca, que despedía un aliento cálido y agitado, y la besé. Terminé con ese viento tibio de un "te amo", que ahora tenía más sentido que el significado mismo de cada una de esas letras en aquella tan sonada expresión.

Con ese mismo valor que me había brindado la bebida embriagante, creí continuar con mi aventura, pero ya no me servía, pues el efecto había pasado y tenía que crear mi propio valor.

Así como los cuerpos de las leyes de la física, fuimos atraídos cuales polos opuestos y nos unimos en una conexión inexplicable. En un instante nos volvimos un solo cuerpo, como el alfiler que atraviesa las alas de una mariposa, destello de pasiones, rubores y perfumes en el aire. Escuchaba sus gemidos en mi oído que susurraban lo que ella podía explicar entre el dolor y una satisfacción grata. Le pregunte si le dolía, pero ella me comentó que continuara despacio. Tenía miedo de lastimarla, pues ya me habían advertido que la primera vez de este juego podía resultar en algo de dolor para ella. El sudor nos rodeaba, miradas encontradas, movimientos cadenciales, como en un vals, un tango, un seductor y lento baile que terminó con el culmen del éxtasis, de la expresión más pura del amor.

El cuarto se convirtió en el único espectador de nuestra travesía carnal, me encontraba ahora a lado de ella, contemplando el techo blanco del lugar. Ella me susurró unas palabras penetrantes. «Era virgen», me comentó. Al oír esto me impacté, pues además de que yo también lo era, me sentía culpable de quitarle su secreto, su más grande tesoro, manchando de rojo las sedas de su inocencia.

Pero más que la culpa, más que el deseo, más que el valor, por fin lo había entendido, que aunque así, joven, aprendí a amar. Me di cuenta que fue la expresión más pura de nuestro haber, más llena de gracia que cualquier otra experiencia vivida: el deseo, el cariño, nuestra inocencia y la dicha de llegar a lo profundo del alma, de cómo dos seres se pueden volver uno. Comprendí finalmente que eso que realicé con tanta pasión y deseo se llamaba "hacer el amor".

Ella

Nos dejamos llevar por la pasión que sentíamos, nos encontramos en una habitación de hotel. En ese momento parecía ser el lugar más maravilloso. 6 fue el cuarto en donde dejé de ser niña para convertirme en mujer. Él temblaba con tanta torpeza al abrir la puerta que parecía increíble que un hombre pudiera ponerse nervioso al tener una mujer en sus brazos.

La penumbra llenaba la habitación y dejaba volar mi imaginación; con nerviosismo me recosté en la cama. Lo miré y sentí que todo mi cuerpo comenzaba a temblar al sentir su calor. No sabía qué hacer; él lo notó y tomó mis manos como queriéndome confortar. Al sentir su cuerpo pensé que todo estaría bien, no había nada que temer. Lentamente nos miramos. Cerré mis ojos, imaginando todo lo que ocurriría, tratando de acallar mis miedos y dejarme amar.

Mientras acariciaba mis hombros sentía la necesidad de despojarme del vestido rojo que protegía mi cuerpo. Él comenzó a besarme; cada beso era mágico y único, cada caricia llenaba mi cuerpo de excitación. Era inevitable no suspirar y dejarme llevar por el momento. Me levanté y dejé caer mi vestido. Él se quedó quieto, mirándome. Por un instante me sentí única. El deseo de su mirada me animó a desprender los botones de su camisa mientras acariciaba su pecho. Sentí como si en cualquier momento su corazón fuera a salir de su cuerpo.

En el piso olvidamos nuestra ropa, deseosos de sentir el cuerpo del otro. Avergonzada, cubrí mis senos. Él se acercó y comenzó a besarme; sentía su calor dentro de mí, su cálido aliento era embriagante. Sus dedos acariciaban mi piel como si fuera el más fino cristal y con cada beso crecía mi excitación. Él susurró un "te amo". El instante perfecto decorado con letras que adormecían mis sentidos.

El momento que tanto temía llegó: sentirlo dentro de mí. Aunque el momento previo preparó mi cuerpo, era increíble que, aunque sentía dolor, no podía dejar de gustarme. Él me preguntó si me dolía. El hecho de que se preocupara por mí, cortó mi inspiración. Le dije que continuara lento y sentía su delicadeza al no querer lastimarme; continuaba el acto de amor que cada vez nos hacía uno solo.

Éramos vírgenes. Tal vez no fui la primera en su pensamiento, pero fui la primera en su cuerpo, en entrar en el templo de su alma. Él no sólo fue el primero en mi cuerpo, fue el primero en mis sueños, el único que con sólo una mirada me podía hacer volar; el ser con que mi cuerpo deseaba compartir cada parte de él. El sólo hecho de tenerlo a él y a nadie más era suficiente para poder dejar de existir.

La habitación fue espectadora de la unión de dos almas enamoradas, fue como lo había soñado, cada caricia, cada beso, cada palabra. Era como si aún estuviera recostada en mi cama, imaginando cada detalle y lo que pasaría la primera vez que estuviese entregando mi cuerpo al amor de mi vida. Él se encontraba un poco distraído mirando el techo de la habitación. Lo miré y como un impulso le susurré que era virgen. Sabía que él lo era por su mirada, esa mirada que decía a gritos que aún lo era, que su cuerpo me pertenecía.

Y para mí fue perfecto...

Le Marthelle y Clara

Papel con tesitura de piel

Soy poeta y al ocaso cambio mi personaje
por un pintor que plasma siluetas,
siendo la dermis blanca de un desértico paisaje
la escultura de mármol de un artista y sus proezas.

Tatuajes de símbolos extraños,
enigmas a saber.
La clara ternura intacta
arrinconada por el toque de un pincel.

Sombras que guardan secretos
no dejan pasar la luz
para presumirme el cuerpo inerte,
destellante de su juventud.

Soy un observador atónito,
no me atrevo a tocar la piel.
Pero me gustaría sólo un roce;
las yemas de mis dedos serían el lápiz en un papel.

Escribo páginas en zona virgen,
en un lugar digno de obsesión,
donde sólo un hombre puede llegar
a escribir versos de su inspiración.

Imaginar las palabras,
canciones a componer.
En la extensión de mi almohada,
su pecho de mujer.

Continúo con este lienzo,
impregnando tinta en su ente.
Cada vocablo un deseo escondido; los
sonidos de su boca repito componente.

Sentir el cabello erecto de delicia
por disfrutar este instante de placer,
donde rasgueo mil letras en caricias
en un papiro con tesitura de su tez.

Cada que me detengo en sus partes
me olvido de esta hoja.
Lírico se convirtió el capricho,
moldeando cada lugar digno de una gran obra.

No quiero lastimar el cuerpo,
solamente quiero plasmar en él
ideas cálidas de los pensamientos;
inspiración creada de un vientre al nacer.

Se excusa el actuar por una nafefilia,
explosión ardiente del tacto omitido.
Ser que tiene que palpar la envidia
al ser el ciego que tiene que sobar su camino.

Tal vez se termine la tinta,

tal vez se termine el papel,

pero nunca dejaré de escribir poesía,

empapando palabras con el sudor de su piel.

Pasiones nocturnas

Un paseo por la noche,
recordando el momento
en que te tenía en mis brazos,
en ese instante eterno.

Quería descubrir tu cuerpo,
cada lugar, cada cabello.
Tu desnudez en lo profundo,
tú me dejabas verla.

Sonidos a lo lejos,
aullidos en la oscuridad.
Pasiones encontradas,
voces a silenciar.

Mi cuerpo suspiraba,
deseaba tu calor.
Con tus manos me acariciabas,
sentía una mágica sensación.

Miradas en silencio,
tus ojos en la oscuridad.
Sonrisas expresadas
en tu rostro al natural.

Sólo la Luna era testigo,
de aquella pasión carnal.
De tu aliento en mi oído,
de tu corazón que latía más y más.

El sudor de tu esencia
era para mí un manantial.
Cada gota un sonido,
como una cascada de cristal.

Quiero soñar de nuevo
tu cintura en mi bailar.
Ver tu suave piel, cual vestido,
y cada parte de tu ser tocar.

Cada roce con tus labios,
que podía saborear.
Ese elixir tuyo
que me invita a imaginar.

El aroma de tu cuerpo,
cual perfume perfecto,
fragancia deleitable,
salvajes comportamientos.

Cada uno de mis sentidos
una lucha contenía.
Cada segundo prohibido,
cada instante en agonía.

Y termino con este recuerdo
de aquella noche de pasión,
que fue para mí un sueño
de mi ardiente corazón.

Callas el deseo de mi ser

Te observo como un cazador al ver su presa,
y me seduces con aquel velo que cubre tu cuerpo.
Mi ser completo tiembla al verte,
pues quiero llegar a tu ser y tocar mi
más grande anhelo.

Caminas despacio, como en una balada,
y lentamente comienzas a desprender mis textiles.
Impávido quedo al ver tu mirada,
no haciendo nada ante tus actos sutiles.

Por fin me atrevo a acariciar tu cuerpo,
a sentir con mis dedos aquella delicada piel.
Siento tu nervio y lo erecto de tu bello,
y continúo con este sueño de placer.

Me encuentro ahora desnudo ante ti,
y tú te muestras como Venus en pintura.
Nada nos detiene a poder sentir
mi corazón que late por locura.

Te tomo de la cintura y te recuesto en aquel lugar,
sobre ese lecho de rosas y seda.
Pululan las caricias con cada respirar,
siento tu aliento en mi cuerpo que se acelera.

Te beso con aquella pasión de un amante,
tan profundo y suave para emanar tu pureza.
Tu lengua baila sobre la mía cual masaje,

y mi cuerpo expresa sensaciones plenas.

Con mis labios recorro cada parte de tu piel,
llegando a esos botones mágicos de rosas.
Los siento duros y delicados a la vez,
de ahí emanas tu líquido con que me tomas.

Llego a tus piernas y me encuentro con
aquella puerta,
el aroma de tu cuerpo me incita a la locura.
Siento aquel néctar que emana de tu ser,
que me invita a tomarte con dulzura.

Conecto mi ente con el tuyo,
como el alfiler que atraviesa las alas
de una mariposa.
Con un gemido reconozco que llegué
dentro de tu cuerpo con aquella tesura.

Escucho tu respiración entrecortada,
expresas tu sentir en cada suspirar.
Tu vientre en mí comienza a danzar,
al mismo ritmo de una lenta balada.

Tu sudor recorre tu cuerpo,
me bañas con aquel líquido que me lava.
Despides lujuria en tu mirada,
como una fuente que calma mi ansia.

Llegamos por fin a ese punto
donde explota todo lo que sentimos;
aquel deseo que se encuentra reprimido,
expira en el último aliento de mi idilio.

Te entrego todo de mí.
Tú eres dueña de todos mis sueños.
Toma tu cuerpo el blanco de mi ser,
donde deposito mis más grandes anhelos.

Contemplo entonces tu belleza,
tu ser tan delicado se convierte en mi adicción.
Aquella piel tan suave y blanca, cual pureza;
tu cabello largo cubre todo mi interior.

Sello mi amor con un beso
para sentir tus labios de rosas.
Aquel perfume termina siendo
ese complemento que me atrae a tu persona.

Nuestros corazones tratan de volver a su ritmo,
descansamos de aquella pasión tan activa.
Sólo puedo observar tu cuerpo
y me respondes con el rubor en tu sonrisa.

No se necesitan palabras,
expresamos todo lo que queremos.
Nuestra pasión fue encarnada
en cada luz, en cada destello.

Fue la forma más pura que conozco
de poder decirte lo que siento.
Callando el pensamiento de nuestros deseos,
eróticos sonetos, amantes en momentos.

Con devoción a ti

Me convertí en la índole de tus manos,
soy aquel admirador que sólo piensa en poesía,
que te venera enajenado con el fervor inocente,
como la afición especial de tu culto consagrado.

Pasé a ser el que practica la costumbre devota
de entregar mi ser total a la viva experiencia;
la mística esencia de la atracción a tu persona
que voluntariamente entrego a tu grandeza.

Soy esclavo y sirviente de tu precepto perpetuo,
pues me encuentro listo para obedecer
tu mandato.
Me obsesiona la idea de interpretar tu cuerpo
y ponerlo en el altar que mi destino ha encontrado.

Me siento atraído de tu pasión hecha pureza,
la idea inerte que se encuentra concebida.
El deseo en vano de admirarte siempre
y pasar mi tiempo mirándote, divina.

Quiero ser el devoto más ferviente,
el que sea el elegido de estar a tu lado.
Que pueda disfrutar cada instante y momento,
de hallarme bajo tu mirada y sentirme a salvo.

Déjame perderme en la idea que domina

mis sentidos

y terminar como el hombre que alaba tu nobleza,

pues gracias a ti he sido el que se topa cautivo

al ser apreciado por tu eterna belleza.

Imposible

¿Por qué no puedo dejar de pensar en ti?
¿Por qué sólo tengo que pensar en verte?
Imágenes en mi mente que me hacen
sentir impotente
por querer estar contigo, pero sé que
es imposible tenerte.

¿Cómo puedo engañar a mi mente inconsciente
y mentirle a mi corazón ardiente?
Para que no diga lo que éste siente
y que sólo quede gravado en mí ser por siempre.

Quiero intentar ser fuerte,
poder aunque no lo crea conveniente.
Que me niegue lo que mi ser siente
y vivir con este amor y quererte.

Es imposible tocarte tiernamente;
es imposible besarte apasionadamente.
Sólo me queda verte y enamorarme de ti
en mis sueños dulcemente.

Sólo me queda el deseo
de estar a tu lado.
Inspirado para escribir poemas,
palabras al viento yo expresé.

Mejor dejo de pensar
que es posible tenerte.
Sólo soñaré con ese amor platónico
y seguiré con mi vida alegremente.

8

Pensamiento

Cuando el vagar de la mente lleva a los
pensamientos inconclusos sin razón

Pensamientos ocultos

Pensando, pensando, me pierdo en mi mundo,
deseando estar en un lugar tan
tranquilo y sin rumbo;
dejando pasar el tiempo y
detenerme en momentos
para disfrutar de mi instancia
tranquila y sin lamentos.
Aunque en mi mundo esté yo solo,
quiero imaginar a un ser especial
que pasa a mi lado y la escucho hablar,
donde me siento cómodo en ella imaginar.

Escucho por momentos
el sonido del pasar del viento.
Susurros al oído, de su voz,
que al hablar es una dulce canción del cielo.

Y me imagino ese lugar,
pensando en mi mente.
Lugares escondidos
llenos de pensamientos ocultos.

Puedo soñar y no dejar de pensar
en ese lugar con esa persona especial.
O creer que es el destino
el que me deja escapar a ese espacio tan especial.

Y por fin despierto y me doy cuenta
de lo que pienso y siento,
de mis pensamientos ocultos.

Pensando en sentimientos

Su pudiera hablar,
diría palabras infinitas.
Deseos ocultos
en miradas perdidas.

En pensamientos vagos,
en imágenes continuas.
Sentimientos encontrados
en caminos sin salida.

Lugares diversos,
sueños a la deriva.
Cálidos pensamientos,
el viento en una brisa.

El canto de un ave,
el sonido del silencio.
Tu voz en un suspiro
escucho por momentos.

Contemplo tu figura,
siluetas en la Luna.
Observo tu dulzura,
tu sonrisa como ninguna.

Y por más que quiera,
callo lo que siento.

No me atrevo a decirlo,
a gritárselo al viento.

Sólo quiero que sepa
lo que yo siento por ella,
y seguir con mi vida
enamorado de ella.

¿Qué son los sueños?

¿Qué son los sueños?
Un día me pregunté incierto.
Pinturas con colores bellos,
ilusiones vagas en instantes placenteros.

Emociones enterradas en un espacio inconsciente,
donde al despertar y encontrarlas
me hacen recordar, inerte,
que es ahí donde puedo recordar
mis sentimientos ausentes.

Las palabras se confunden
en este lugar mágico,
donde sólo mis deseos
son testigos de este cántico.

Mi Yo inconsciente se regocija
por encontrar por fin la libertad, por
recuperar su propia forma infinita,
perdida a través de un inmenso mar.

Puedo ver por un momento
un terreno lleno de quimeras,
donde yo puedo crear mi tiempo,
mi Sol, mi Luna y mis estrellas.

Pasajes a tierras inciertas,
zonas donde bellos paisajes disfruto ver.

Mi mente vaga traviesa
por saber que siempre podré volver.

¿Dónde puedo encontrar la alegría?
Ese lugar que sólo existe en los sueños,
Una continuación de la realidad
al final de cada uno de ellos.

Tal vez no pueda entender
qué son los sueños en sí.
Simplemente quiero saber
si en ese lugar puedo ser feliz.

Tan sólo un momento

En un momento pasó el tiempo
y me enamoré de ti.
En un momento me perdí en tus
ojos tan bellos y hermosos.
En un momento probé tus suaves
labios, como dulce azúcar.
En un momento saboreé tu aroma,
cual perfume de rosas.

Sólo bastó un momento para que
mi mente escapara soñadora
y llegara a un lugar donde no existe
el tiempo.
Sólo un momento para entregarte
mi corazón y todo mi ser.
Sí, sólo un momento.

Un momento, un espacio de tiempo
corto, pero lleno de segundos eternos,
Un momento en el que te besé con
tanta pasión como es posible hacerlo.

Sólo le pido al tiempo que me regale
un momento para estar junto a ti

y nunca irme de tu regazo,

Un momento para besar, uno para

sentir y uno para amar.

Si sólo tengo un momento, deseo que sea eterno,

y que el tiempo se detenga sólo para los dos.

Tú y yo perdidos en el tiempo;

un momento para amarte por siempre.

Un momento para darte mi corazón,

un momento, tan sólo te pido un momento.

Tiempo pasado

Observo el tiempo pasar.
Sueños en mi mente,
pasajes de momentos,
espacios de tiempo corto,
de momentos duraderos.

¿Será sueño o realidad?
¿Por qué será que cuando me detengo
no puedo mirar más?
Sin darme cuenta,
el viento en su pasar.

¿Será que no puedo seguir?
¿Será que no quiero disfrutar?
Sólo quiero pensar
y en el tiempo lento caminar.

No puedo estar solo.
Me gustaría estar
con alguien con quién disfrutar
y de las cosas del tiempo platicar.

Pasajes de sueños

Cierro los ojos un momento y
veo un espacio nuevo.
La imaginación me llama a seguir
en su cuento de hadas.
Observo lugares mágicos, lugares inciertos,
que sólo existen en sueños y los
veo en pasajes cubiertos.

Como pinturas en un museo que se
expresan en el arte
son aquellas zonas en mi mente irreales.
Puertas a distintos lugares
donde se puede jugar con tocarte.

Serán segmentos de mi inconsciente plasmado,
de deseos irrealizables;
como estrellas en el cielo,
siempre inalcanzables.

En mi camino veo recuerdos
de llanto y lamento,
momentos de olvido,
como pasajes de sueños.

Y al pasar también veo alegría,
pasión a la deriva;

mis deseos más profundos
son caminos sin salida.

Borroso veo tu rostro
en una de esas puertas.
Que me deja tan solo
por no poder besarte un poco.

Despierto y me derrumba la tristeza
al pensar que no puedo
contemplar tu belleza.

Sé que eran imágenes perdidas
de sueños a la deriva,
de puertas vacías en lugares sin salida.

Unas palabras al viento

Hoy escribí lo que no puedo decir,
lo que los secretos de mi alma
desvelan por la noche
Lo que siento por ti que es lo más puro de mi ser,
y escribo palabras al viento para
que las puedas oír.

Hoy escribo en papel de terciopelo
para que puedas tocar cada palabra
dicha por mi corazón.
Y te dedico una canción, no con voz
de ángel, pero sí de lo más profundo de mi alma.
Puedo soñar con tu rostro y con tus ojos,
que son los que alumbran mi ser y mi vida
para escribir sobre tu piel tan llena
de suavidad y dulzura.

Y trazo palabras al viento describiendo tu cuerpo,
y presumiendo al mundo que yo te amo y tú a mí.
Paso los días pensando en ella y paso las noches
soñando con ella.

Si tan sólo pudiera escuchar estas
palabras que salen de mi corazón;
si tan sólo supiera que la amo y lo
grito al aire para que viaje por doquier.

Lo único que deseo es que sepa que su
amor y mi amor es eterno, como la
inmensidad del Universo.

Y que sólo estas palabras de un pensamiento
las grito al viento y al mismo cielo para
que mi mensaje llegue a su corazón,
y yo le agradezco al mío por darme de
nuevo la oportunidad de amar.

Son tan sólo poemas y versos,
son sólo unas palabras al viento.